培训教材类

全国扶贫教育培训教材（第三批）

全国扶贫宣传教育中心　组织编写

深化扶贫领域改革

贵州探索

向德平 等◎著

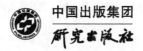

中国出版集团

研究出版社

图书在版编目 (CIP) 数据

深化扶贫领域改革：贵州探索 / 向德平等著. --

北京：研究出版社, 2021.5

ISBN 978-7-5199-0946-8

Ⅰ.①深… Ⅱ.①向… Ⅲ.①扶贫－研究－贵州

Ⅳ.①F127.73

中国版本图书馆CIP数据核字(2020)第220046号

深化扶贫领域改革：贵州探索

SHENHUA FUPIN LINGYU GAIGE：GUIZHOU TANSUO

全国扶贫宣传教育中心　组织编写

向德平　等◎著

责任编辑：寇颖丹

研究出版社 出版发行

（100011　北京市朝阳区安华里504号A座）

北京建宏印刷有限公司　新华书店经销

2021年5月第1版　2021年5月北京第一次印刷

开本：710毫米×1000毫米　1/16　印张：14

字数：168千字

ISBN 978-7-5199-0946-8　定价：48.00元

邮购地址100011　北京市朝阳区安华里504号A座

电话（010）64217619　64217612（发行中心）

前 言
PREFACE

贵州省作为我国贫困面最大、贫困程度最深、贫困人口最多的省份，是全国脱贫攻坚的主战场和决战区。党的十八大以来，在以习近平同志为核心的党中央的坚强领导下，贵州省坚持把脱贫攻坚作为头等大事和第一民生工程，以脱贫攻坚统揽经济社会发展全局，深入推进"大扶贫"战略行动，不断探索实践着力推进脱贫攻坚改革创新，持续向千百年来的绝对贫困发起总攻，脱贫攻坚取得了决定性成就。全省贫困人口从 2012 年的 923 万减少至 2019 年的 30.83 万，每年减贫人数超过 100 万，贫困发生率从 26.8% 降至 0.85%，57 个贫困县脱贫摘帽。贵州省深化扶贫领域改革，注重扶贫实践创新，在精准识别、产业扶贫、社会扶贫、生态扶贫、社会保障兜底扶贫、脱贫长效机制、脱贫攻坚激励机制、解决深度贫困问题等方面锐意改革，探索出了一条因地制宜，将经济发展与生态保护、区域发展与精准扶贫相结合的发展道路。

扶贫领域改革创新的经验，是国家贫困治理现代化的重要内容。对扶贫领域改革创新经验的总结，是脱贫攻坚总结的重要内容，对于中国特色减贫道路的丰富发展、推进贫困治理体系和治理能力的现代化进程、为全球减贫发展贡献中国方案，具有重要意义。

目 录
CONTENTS

第一章　扶贫领域的改革进程　/　001

一、中国扶贫的改革进程　/　002

二、中国扶贫创新改革的主要内容　/　010

第二章　脱贫攻坚的要求与扶贫创新改革　/　023

一、新时代脱贫攻坚的要求　/　024

二、脱贫攻坚的理论和实践创新　/　031

三、脱贫攻坚创新的贵州实践　/　038

第三章　精准识别创新　/　045

一、精准识别的内涵　/　046

二、精准识别的政策安排　/　047

三、贵州精准识别的实践　/　050

四、贵州创新精准识别的经验　/　059

第四章　产业扶贫创新　/　071

一、党的十八大以来产业扶贫的顶层设计　/　072

二、贵州产业扶贫的政策安排与实践举措　/　075

三、贵州产业扶贫的经验总结　/　078

四、产业扶贫创新的经验与启示　/　087

第五章　脱贫机制创新 / 095

一、脱贫机制创新的意义 / 096

二、贵州"三变"改革的实践探索 / 098

三、贵州"三变"改革的效果与经验 / 103

四、创新脱贫机制的建议 / 112

第六章　社会扶贫创新 / 117

一、社会扶贫的意义 / 118

二、社会扶贫的发展状况及政策安排 / 121

三、社会扶贫的实践举措 / 127

四、社会扶贫的经验与启示 / 132

第七章　生态扶贫创新 / 137

一、生态扶贫的意义 / 138

二、贵州生态扶贫的政策与实践 / 142

三、贵州生态扶贫的方式 / 146

四、贵州生态扶贫的启示与建议 / 148

第八章　社会保障兜底扶贫创新 / 153

一、社会保障兜底扶贫的意义 / 154

二、社会保障兜底扶贫的政策安排及实践举措 / 157

三、社会保障兜底扶贫的主要成效和经验 / 164

四、社会保障兜底扶贫的启示及政策建议 / 167

第九章 脱贫攻坚激励机制创新 / 171

一、建立脱贫攻坚激励机制的意义 / 172

二、激励机制创新的政策安排及实践举措 / 177

三、激励机制创新的特点及经验 / 183

四、激励机制创新的启示及建议 / 186

第十章 解决深度贫困问题的创新 / 193

一、解决深度贫困问题的背景和意义 / 194

二、解决深度贫困问题的政策演变 / 196

三、解决深度贫困问题的实践探索 / 200

四、结论及建议 / 206

后 记 / 213

第一章

扶贫领域的改革进程

新中国成立 70 多年来，特别是改革开放以来，中国的反贫困取得了举世瞩目的成就。回顾总结我国扶贫的历史进程以及中国扶贫创新改革的主要内容，对提炼中国扶贫的本土经验、促进中国扶贫开发理论的发展，向国际社会展示全球贫困治理的中国方案具有重要意义。

一、中国扶贫的改革进程

新中国成立之初，历经半个多世纪战乱的中国是世界上最贫困的国家之一，绝大多数人口处于绝对贫困状态。政府可动用的资源有限，国家没有能力采取大规模专项扶贫措施，主要实施小规模救济式扶贫。

救济式扶贫主要是依托自上而下的民政救济系统，对边远落后地区、因灾致贫人口和战争伤残人口进行"输血式"的扶贫。扶贫重点是解决他们的生存困境，政府提供以实物为主的生活救济、自然灾害救济、优抚安置等。这一时期，通过社会制度改革、土地改革、人民公社化运动等建立了一个极为平等的社会，有效地消除了极端贫困现象，为后来政府实施农村扶贫政策奠定了制度基础；基本社会保障以及教育、医疗体系初步建立，在基础设施建设、农村科技服务网络、全国性的农村合作信用体系、农村基础教育和农村基本医疗卫生事业、以社区五保制度和农村特困人口救济为主的农村社会基本保障体系方面的具体举措，为极端贫困人口提供了基本的生存保障。至 1978 年，根据中国政府扶贫标准，农村贫困人口规模高达 2.5 亿，占全国人口总数的 25.97%，农村贫困发生率达到 30.7%。这个阶段贫困主体的识别范围相对固定和窄小，大量贫困人口没有纳入扶贫范围，党和政府拥有的扶贫资源有限，扶贫措施不具有计划性和系统性，受经济社会整体形势的影响，扶贫效果不太理想。

1978 年中国实行改革开放政策。1992 年开始了由社会主义计划经济体制到社会主义市场经济体制的转型。这种开放和转型伴随农村经济体制的改革、农产品价格政策变动、乡镇企业发展等解放和发展生产力的重要举措，同时还配套出台了"以工代赈"、"三西"农业建设等专项扶贫措施和多项鼓励农村社会发展的政策。

以中国共产党十一届三中全会召开和 1979 年通过的《中共中央关于加快农业发展若干问题的决定》为标志，中国拉开了农村经济体制改革的序幕，农村扶贫工作开始了以体制改革推动扶贫的崭新阶段。这一阶段对纾解贫困起到主要作用的是农村土地制度、市场制度以及就业制度的改革。首先，在土地经营制度方面，以家庭联产承包责任制取代了人民公社的集体经营制度。这一举措解决了农业生产动力不足的问题，极大地解放了农村生产力，促进了农村经济的迅速发展。其次，在农产品价格制度方面，国家提高了部分谷物、经济作物和肉类的定购价格，并制定了对谷物和油料作物的超购奖励制度，这项措施大大提高了农民的收入。最后，在发展集体经济方面，国家大力扶持乡镇企业。1979—1983 年，中央各部委相继制定了一系列扶持乡镇企业发展的措施，如农业部、财政部、中国农业银行、建材部等有关部门分别就财政、税收、信贷、原材料等方面制定了一系列规定和办法，推动了乡镇企业的发展。这些深刻变革，促使农村经济取得了超常规增长，最终导致贫困人口急剧减少。根据中国政府扶贫标准，贫困人口从 1978 年的 2.5 亿，减少至 1985 年的 1.25 亿。

这一时期的扶贫政策体现了经济体制改革带来的巨大经济社会效应，这种效应最初体现为用"输血式"政策普惠贫困人口，以有效减少国家范围内大规模的贫困人口，同时也奠定了国家开展有组织、有计划、大规模扶贫的基础。本阶段的贫困主体的识别范围相对扩大，但主要集中于贫困地带，中央政府扶贫的计划性增强，扶贫思路有所转变，政策措施从"输血式"、救济式扶贫开始转变为"造血式"、开发式扶贫，但是贫困主体脱贫的内生动力还不够强。

20 世纪 80 年代中期，在改革开放政策推动下，中国农村绝大多数地区凭借自身的发展优势，经济得到快速增长。但少数地区受经济、社会、历史、自然、地理等方面的制约，发展相对滞后。贫困地区与其他地区，特别是与东部沿海发达地区在经济、社会、文化等方面的差距逐步扩大。这一时期，贫困人口呈现出明显的区域集中特点，主要分布在"老、少、边、穷"地区，为推进扶贫开发工作，需要推行有组织、有计划、大规模的帮扶措施。

以成立"国务院贫困地区经济开发领导小组"（1993 年改为"国务院扶贫开发领导小组"）专门扶贫机构为标志，以解决贫困地区贫困人口的温饱问题为主要目标，中国扶贫进入了有组织、大规模、开发式的扶贫阶段。1986 年 5 月 14 日，国务院贫困地区经济开发领导小组第一次全体会议提出争取在"七五"期间解决大多数贫困地区人民温饱问题的设想；确定了从改革入手，从发展着眼，彻底改变过去那种单纯救济的扶贫办法，改变不适宜贫困地区发展的生产方针，实行新的经济开发方式，开创了具有中国特色的开发式扶贫方式。开发式扶贫以区域开发带动扶贫为重点，划定 18 个集中连片贫困带和一批国家级、省级贫困县进行重点区域扶贫开发，农村绝对贫困人口从 1.25 亿下降到 8000 万。

这一阶段的扶贫主体中政府是主角，扶贫多元主体的作用有待加强，开发式扶贫方针已经提出，但是地方政府仍然存在以"输血"、救济为主导的扶贫思维惯性，贫困主体的发展能力和主动意识尚未被充分激发起来。

随着农村改革的深入推进和国家扶贫开发力度的不断加大，中国贫困人口逐年减少，贫困特征也随之发生较大变化，贫困人口分布呈现明显的地缘性特征。这主要表现在贫困发生率向中西部倾斜，贫困人口集中分布在西南大石山区、西北黄土高原区、秦巴贫困山区以及青藏高寒区等几类地区。导致贫困的主要因素是自然条件恶劣、基础设施薄弱和社会发展落后等。

以《国家八七扶贫攻坚计划》为标志，中央政府大幅度增加扶贫开发投入，明确资金、任务、权利、责任"四个到省"的扶贫工作责任制，建立东部沿海地区支持西部欠发达地区的扶贫协作机制，并推行了入户项目支持、最低生活救助、教育卫生扶贫、科技扶贫、劳动力转移、生态移民等多元化扶贫措施。这是我国扶贫史上第一个有明确的目标、对象、措施和期限的扶贫开发行动纲领。以此为标志，我国的扶贫开发进入全面攻坚阶段。这一阶段的扶贫开发有三个方面进展：第一，政府重新确定了 592 个国定贫困县，并以此为核心实施了一系列有针对性的扶贫措施。除了大幅增加扶贫财政拨款外，政府还推动实施了科教扶贫、计划生育、生态移民、发展种植业和养殖业、加强对各类扶贫资金的管理等多元化扶贫措施。第二，将特殊困难群体纳入国家扶贫的整体规划。为了加强残疾人的扶贫工作，国家制定了《残疾人扶贫攻坚计划（1998—2000）》，将残疾人扶贫纳入国家扶贫工作的整体规划之中。第三，1999年印发的《中共中央国务院关于进一步加强扶贫开发工作的决定》开始强调扶贫工作以贫困村为单位、以贫困户为工作对象，这为下一阶段的瞄准式扶贫奠定了基础。扶贫开发工作随之由道义性扶贫向制度性扶贫转变，由救济性扶贫向开发性扶贫转变，由扶持贫困地区向扶持贫困村、贫困户转变。这一时期的扶贫工作基本解决了贫困人口的温饱问题，我国农村贫困从普遍性、区域性和绝对性贫困向点状分布和相对性贫困发生转变。2000年，我国政府宣布《国家八七扶贫攻坚计划》确定的战略目标基本实现，全国农村贫困人口的温饱问题已经基本解决。农村绝对贫困人口由8000万下降到3209万。

总体来看，这一时期我国反贫困行动的主要特点是通过区域来瞄准贫困人口，对贫困县给予政策、资源倾斜。这种扶贫方式在贫困县贫困人口占人口多数的情况下是十分有效的，对于大部分人口的脱贫发挥了重要作用。

在《国家八七扶贫攻坚计划》的目标基本实现之后，大面积的普遍贫困基本得到解决，农村贫困问题已经从普遍性、区域性向点状分布转变。面对新情况、新任务，原有的扶贫措施对减贫已经很难产生明显效果。随着国家经济的快速增长和综合国力的增强，政府调整了一味追求GDP的发展模式，倡导科学发展观，提出构建社会主义和谐社会的发展思路。

以《中国农村扶贫开发纲要（2001—2010年）》为标志，以国家扶贫开发工作重点县为重点，以15万个贫困村为扶贫对象，全面实施以村为单位进行综合开发和整村推进的参与式扶贫。在此阶段中后期，随着城乡差距扩大和国家财政实力的增强，国家出台了以"取消农业税"为代表的系列"多予、少取、放活"的惠农政策。针对区域差距扩大的情况，国家成立了西部开发领导小组，出台了《"十五"西部开发总体规划》，有力促进了西部区域的经济发展，西部贫困人口的生产生活条件得到一定改善。2007年，我国全面实施农村最低生活保障制度，进入扶贫开发政策与最低生活保障制度衔接的"两轮驱动"阶段。到2010年，以人均纯收入1196元为贫困衡量标准，中国贫困人口已经减少到2688万，贫困发生率下降到2.8%。

在专项扶贫方面，出台了以整村推进为主体、以贫困地区劳动力转移培训和产业化扶贫为两翼的"一体两翼"综合减贫举措。第一，实施整村推进战略，以贫困村为基本单位，通过参与式村级规划和综合性的扶贫投资，在2—3年的时间内使贫困村在基础设施和社会服务方面有较大的改善，通过各种创收活动增加贫困户的收入。在整村推进过程中，贫困户全程参与项目的实施和监督，大大提升了扶贫项目的针对性，这是这一阶段扶贫开发的一个创新之处。第二，积极推进产业扶贫，运用政府政策优势，以市场为导向，结合贫困地区优质资源，重点扶持贫困地区龙头产业，建设产业化基地，加大扶贫可持续性能力建设力度，积极开展生态移民和易地扶贫搬迁工作。第三，2004年8月，国务院扶贫办下发《关于加强贫困地区劳动力转移培训工作的通知》，提出"要把贫困地区劳动力转移培训作为一项战略性措施来抓"，自此，由扶贫部门组织实施的贫困地区劳动力转移培训工作（称为"雨露计划"）在全国范围内正式启动并全面铺开。在帮助扶贫对象提高职业技能、促进就业增收、阻断贫困代际传递等方面，"雨露计划"发挥了不可替代的重要作用。

以 2011 年《中国农村扶贫开发纲要（2011—2020 年）》出台为标志，国家扶贫开发由对集中连片特困地区的关注进一步拓展为对重点县和贫困村乃至贫困户的关注。扶贫开发取得的成就不仅使大多数贫困人口的温饱问题得以解决，同时也对国民经济持续健康发展和遏制区域、城乡差距扩大趋势发挥了十分重要的作用。虽然此时精准扶贫概念尚未提出，但是区域发展要与个人帮扶相结合，扶贫效果要更多地体现在贫困户上的理念已经被明确提了出来。扶贫的政策更加灵活、更体现全面性，以往扶贫中非贫困人口比贫困人口受益多的现象得到了纠正，这是扶贫政策更进一步体现以人为本理念的一个重要转变，也明确了全面建成小康社会目标指引下的扶贫价值导向。

此阶段扶贫政策进一步细化、配套化，区域性开发政策和综合扶贫开发政策配套出现，兜底性政策开始发挥作用，贫困主体从县级范围进一步精确到村级范围。

进入中国特色社会主义新时代，我国成为世界第二大经济体，经济社会发展成就更加令人瞩目。与此同时，党中央对于如何解决贫困问题的思路更加清晰，对于全面建成小康社会，确保所有人不掉队的要求、责任和目标也更加明确。大部分的贫困问题在现有的框架内能够得到解决，需要重点研究解决深度贫困问题，因此以到村到户帮扶的"精准扶贫"成为扶贫工作的重心。

党的十八大以来，习近平总书记高度重视扶贫工作。2013 年，习近平总书记在湘西调研时首次提出"精准扶贫"理念。精准扶贫要解决好"扶持谁""谁来扶""怎么扶""如何退"四个问题，落实"五个一批"，确保"六个精准"。在精准扶贫理念的指导下，这一时期的扶贫开发工作采取的措施主要有以下几个方面：第一，全方位精准推进。在"扶持谁"的问题上，将扶贫目标瞄准贫困户，提出"扶贫到户、精准到人"的工作要求。在"谁来扶"的问题上，中央出台《省级党委和政府扶贫开发工作成效考核办法》，形成省市县乡村五级书记抓扶贫工作格局，改变了过去扶贫责任不明晰、履职不到位的状况，提高了扶贫工作的效率。在"怎么扶"的问题上，习近平总书记提出了"五个一批"工程，真正改变大水漫灌、走马观花式的粗放式扶贫模式，实现真扶贫、扶真贫。习近平总书记还提出了"六个精准"要求，对解决"怎么扶"这一问题起到重要的指导作用。在"如何退"的问题上，2016年4月，国家出台《关于建立贫困退出机制的意见》，对贫困户、贫困村、贫困县退出的标准、程序和相关要求作出细致规定，为贫困人口退出提供制度保障。第二，多种扶贫手段相结合。与此同时，国家注重扶贫同扶志、扶智相结合，激发贫困群众的积极性和主动性。贫困地区人民要彻底摆脱贫困，就必须提高自身的思想、政治以及科学文化素质。精准扶贫以14个集中连片特困地区为主战场，扶贫瞄准对象精确到户，实现特困片区、贫困县、贫困村、贫困户"多位一体"层级联动脱贫；在政府的主导下，企事业单位、社会组织广泛参与，构建政府、社会、市场机制"三位一体"的扶贫主体和扶贫机制；在扶贫格局上，形成专项扶贫、行业扶贫、社会扶贫"三位一体"的扶贫方式。以2015年《中共中央 国务院关于打赢脱贫攻坚战的决定》出台为标志，以"2020年现行标准下贫困人口全部脱贫，贫困县全部摘帽，解决区域性贫困问题"为目标，全面实施精准扶贫、精准脱贫方略，全党全国全社会总动员，坚决打赢脱贫攻坚战。党的十八大以来，习近平总书记高度重视扶贫开发工作，提出了一系列扶贫开发的新思想新观点新部署新要求，形成了习近平总书记关于扶贫工作的重要论述。此阶段扶贫效果已经初步显现，从 2012 年末到 2017 年末全国农村累计减贫 6853 万人，年均减贫 1370 万人，农村贫困人口下降至 3046 万；贫困发生率累计下降 7.1 个百分点，下降至 3.1%。

此阶段精准扶贫体现在扶贫要素的诸多方面，包括扶持对象精准、项目安排精准、资金使用精准、措施到户精准、因村派人精准、脱贫成效精准；对贫困主体的扶贫途径丰富起来，提出并实施了"五个一批"措施；此阶段扶贫注重扶志和扶智相结合，切实提升脱贫的内生动力；而且扶贫中其他参与主体动员范围和参与深度都远远超过之前的几个阶段，涌现出了许多"万企帮万村"帮扶模式典型、东西部合作帮扶模式典型。

从中国扶贫发展实践的演变来看，扶贫机制呈现出渐进式演化特征。从被动、针对性较差的小规模救济式扶贫和经济体制改革主导式扶贫政策到积极主动的区域开发式扶贫，是中国扶贫模式的伟大变革。全面实施精准扶贫精准脱贫方略后扶贫政策的精准性越来越高，扶贫模式越来越有针对性，扶贫效果越来越好，社会动员程度越来越高。在中国扶贫实践背后，共同富裕思想是理论主线，贯穿于中国共产党整个扶贫思想发展史，贯穿于中国政府扶贫实践全过程。

二、中国扶贫创新改革的主要内容

（一）理论创新

自新中国成立以来，中国共产党在毛泽东、邓小平、江泽民、胡锦涛、习近平等五位领导人的带领下，将扶贫事业一步一步深入推进，中国扶贫事业不断被赋予新的理论内涵和时代特征。

1. 扶贫理论创新的基石——共同富裕思想

新中国成立后，毛泽东同志提出了共同富裕的理论，为扶贫开发理论的明确提出奠定了基础。毛泽东同志开始指引中国的农民走共同富裕的道路。1955年7月，在《关于农业合作化问题》的报告中，毛泽东同志提出了"共同富裕"的概念，并对如何实现共同富裕提出了具体的设想。1957年，在《关于正确处理人民内部矛盾的问题》一文中，毛泽东同志提出了共同富裕的具体目标，即在几年内"使现在还存在的农村中一小部分缺粮户不再缺粮，除了专门经营经济作物的某些农户以外，统统变为余粮户或者自给户，使农村中没有了贫农，使全体农民达到中农和中农以上的生活水平"。[①]

邓小平同志继承了毛泽东同志关于共同富裕是社会主义的根本目标的思想，关于实现共同富裕只能依靠社会主义制度、走社会主义道路的思想，以及关于实现共同富裕的物质基础是充分发展生产力的思想，进一步深化了共同富裕的思想内涵。在扶贫战略目标方面，邓小平同志继承了毛泽东同志共同富裕的思想，提出共同富裕是社会主义的本质特征，实现全体人民的共同富裕是扶贫的战略目标。邓小平同志主张将农村经济的发展、农民生活水平的提高与中国经济的发展、摆脱贫困紧密结合起来。同时，邓小平同志反复强调改革对于发展和消除贫困的重要性，主张用改革促进反贫困工作的开展。此外，邓小平同志在探索建设中国特色社会主义过程中，深刻认识到摆脱贫困的艰巨性、复杂性和长期性。从1977年到1993年，邓小平在毛泽东共同富裕思想基础上，总结了新中国近三十年的建设实践，结合对马克思主

---

① 《毛泽东著作选读》，人民出版社1966年版。

义贫困理论的认识和理解，进一步深化了共同富裕思想，打破了过去受所有制和分配方式局限的社会主义本质认识观，以及单纯强调共同富裕对反贫困的思想禁锢。[1] 他还首次提出了制度性贫困以及中国反贫困的总体战略，主张在中国社会改革、开放、发展的进程中消除贫困，对于贫困的实质、反贫困战略及对策措施方面提出了一系列构想，初步形成了新中国的扶贫思想体系。

2. 扶贫开发理论的提出与完善

江泽民同志系统地提出了扶贫开发理论，论述了扶贫开发在中国社会主义初级阶段的重要意义。江泽民同志指出，农村扶贫关乎改革、发展、稳定的大局，农村的扶贫开发与中国共产党的根本宗旨紧紧相连。他从人权的高度论述了扶贫开发对中国人权事业的意义，而且论述了现阶段应如何扶贫开发。强调把扶贫开发同国家的整体发展战略结合起来，把扶贫开发同加强党的干部队伍和农村基层组织建设结合起来。坚持开发式扶贫，把解决贫困人口的温饱问题与对贫困地区进行全面开发结合起来。政府在扶贫开发中的主导作用同组织社会各界力量参与扶贫开发结合起来，把政府对扶贫开发的责任同调动贫困地区群众参与扶贫开发的积极性结合起来。坚持科技先行，坚持因地制宜、分类指导，坚持可持续发展。江泽民同志系统回答了"为何扶""扶谁""谁扶""怎么扶"等一系列扶贫开发的基本问题，促进了中国扶贫思想的发展，尤其是开发式扶贫以及瞄准对象由贫困地区向贫困人口的转变，进一步丰富了中国特色的减贫实践和理论。

胡锦涛同志从新的视野和新的理论高度深化了扶贫开发理论。他

---

[1]　孙辉:《邓小平与江泽民反贫困思想之比较》,《中共济南市委党校学报》2002 年第 4 期。

结合科学发展观、社会主义和谐社会及新农村建设等理论，将扶贫开发的重要性和扶贫开发的目标置于更广阔、更深刻的背景之下，对 21 世纪中国的扶贫开发工作提出了更高水平的要求。胡锦涛同志在党的十七大报告中，对扶贫开发工作予以高度关注，对新时期扶贫开发工作提出了"一个加大、两个提高"，即"加大对革命老区、民族地区、边疆地区、贫困地区发展扶持力度""提高扶贫开发水平""逐步提高扶贫标准"，确立了到 2020 年我国"绝对贫困现象基本消除"的奋斗目标。科学发展观和建设社会主义和谐社会及新农村建设理论的提出，进一步丰富和发展了马克思主义反贫困理论，为中国后来的扶贫事业提供了重要理论依据。

3. 新时代的理论创新——精准扶贫精准脱贫方略

党的十八大以来，习近平总书记高度重视农村扶贫开发工作，并在一系列考察和重要讲话中对扶贫开发工作作出全面部署和深刻阐述，形成了习近平总书记关于扶贫工作的重要论述，推动了中国扶贫实践的创新和发展。

习近平总书记关于扶贫工作的重要论述把我国扶贫开发理论创新提到了新的历史高度。首先，习近平总书记深刻阐述了脱贫攻坚的基本方略。"六个精准""五个一批"等重要论述是我国扶贫理论的重大创新，开创了脱贫攻坚工作的全新局面。精准扶贫精准脱贫方略，是基于对中国扶贫开发实践不断进行科学总结和理论提升而逐步形成并不断完善的理论体系，是我国乃至全球减贫理论的重大创新。其次，习近平总书记深刻论述了贫困治理与经济社会发展全局的关系。习近平总书记把脱贫攻坚纳入"五位一体"总体布局和"四个全面"战略布局，摆在治国理政的重要位置，提出"以脱贫攻坚统揽经济社会发展全局"的重要理念。这是对贫困治理与经济社会发展关系理论的重大创新。再次，习近平总书记关于扶贫工作的重要论述包括内源扶贫、科学扶贫、精神脱贫、教育脱贫、社保政策兜底脱贫等理念，丰富了党的十八大以来我国扶贫开发的时代内涵。最后，习近平总书记关于扶贫工作的重要论述中关于"共建一个没有贫困、共同发展的人类命运共同体"的重要思想，是对中国特色扶贫理论的进一步升华。习近平总书记关于扶贫工作的重要论述赋予了中国扶贫实践新的时代内涵与特征，推动了中国扶贫实践的创新和丰富发展，也为当前及未来阶段中国的扶贫开发指明了方向。

对于习近平总书记关于扶贫工作的重要论述、脱贫攻坚的基本方略及深入实践，学术界也开展了一系列的研究和探讨，主要体现在贫困识别与瞄准技术、反贫困与贫困治理议题以及反贫困理念等方面。

（二）政策创新

改革开放以来，特别是从 20 世纪 80 年代中期之后，党和国家开始实施有组织、有计划、大规模的扶贫开发，把扶贫开发纳入国民经济发展规划。先后于 1994 年颁布实施《国家八七扶贫攻坚计划》，2001 年颁布实施《中国农村扶贫开发纲要（2001—2010 年）》，2011 年颁布实施《中国农村扶贫开发纲要（2011—2020 年）》。三大扶贫计划体现了不同时期的扶贫政策创新。

《国家八七扶贫攻坚计划》根据当时的发展环境提出了不少新的扶贫政策。这些改革和创新包括：通过土地有偿租用、转让使用权等方式，加快荒地、荒山、荒坡、荒滩、荒水的开发利用；对极少数生存和发展条件特别困难的村庄和农户，实行开发式移民；引导尚不具备办企业条件的贫困乡村，到投资环境较好的城镇和工业小区进行异地开发试点；改革扶贫资金的使用管理方式，建立约束和激励机制；中央按贫困县数、贫困人口及贫困程度，决定扶贫资金分配方案；扶贫资金的投放要与使用效益和贷款的回收直接挂钩；提出了包括企事业单位定点挂钩扶贫、东西部对口帮扶在内的社会扶贫机制；在组织与领导方面，提出实行分级负责、以省为主的省长负责制，把计划的实施和解决群众温饱的成效作为衡量贫困县领导干部政绩和提拔重用的主要标准等。

在21世纪第一个十年，中国扶贫工作重点转向巩固温饱成果。这一阶段，中国农村扶贫政策的主要创新有：实行整村推进扶贫方式。实施"雨露计划"，推进农业产业化扶贫；提出了"省负总责，县抓落实，工作到村，扶贫到户"的扶贫工作机制；探索了财政扶贫资金、扶贫贴息贷款使用的新方式等。

在21世纪第二个十年，新阶段扶贫开发的目标确定为到2020年实现扶贫对象"两不愁三保障"，同时确定了以片区为主战场，建立专项扶贫、行业扶贫与社会扶贫相结合的"三位一体"大扶贫格局，并针对新的扶贫战略目标，推出了扶贫政策改革创新的新举措。这些改革和创新包括：建立中央统筹、省负总责、市县抓落实的扶贫管理体制；建立片为重点、工作到村、扶贫到户的工作机制；在扶贫资金使用管理方面，逐步增加直接扶持到户资金规模，创新扶贫资金到户扶持机制，完善扶贫资金和项目管理办法，开展绩效考评，建立健全协调统一的扶贫资金管理机制，全面推行扶贫资金项目公告公示制度等。

（三）实践创新

改革开放以来，我国扶贫开发逐步推出了一系列改革举措。党的十八大以来，脱贫攻坚在理论创新基础上进行了大量的实践探索。具体而言，扶贫开发实践创新集中体现在机制创新、制度创新和模式创新三个层面上。

1. 扶贫机制创新

改革开放以来，我国的扶贫开发工作立足国情，建立健全了开发式与救济式扶贫结合机制、政府与社会力量协作机制、区域瞄准与个体瞄准结合机制和国际扶贫交流合作机制，在此基础上开展了一系列的机制创新举措，为精准扶贫阶段的机制创新奠定了基础。

开发式与救济式扶贫结合机制。在扶贫实践中，我国逐渐形成了开发式与救济式相结合的扶贫机制，并且以"开发式扶贫为主，救助式扶贫、保障式扶贫为辅"。在加强开发式扶贫的同时，对于部分无法靠自己能力生存的贫困人口，依然坚持救济为主，《中国农村扶贫开发纲要（2011—2020年）》也明确指出了要实现两种方式的衔接。如今，这两种扶贫方式都在反贫困工作中发挥着重要作用。

政府与社会力量协作机制。在我国，政府具有强有力的动员力量，一直都是扶贫的首要力量。但是在实践中，政府作为单一扶贫主体存在一定的缺陷。我国根据实际国情，逐渐引入社会力量参与其中，社会扶贫形式发展多样化，如东西部扶贫协作、定点扶贫等。一些不以营利为目的的社会组织，如中华慈善总会等，也是重要的社会扶贫力量。

区域瞄准与个体瞄准结合机制。根据贫困分布及实际情况的变化，我国"在贫困瞄准单位方面，经历了由大片区到贫困县再到贫困村为单位的变化过程"。区域瞄准有其优势，但以区域为扶贫瞄准对象并不能完全适应我国的发展形势。我国的扶贫瞄准单位实现了区域瞄准与个体瞄准相结合，二者发挥各自的优势，使得扶贫更高效。

国际扶贫交流合作机制。一是重视与国际金融机构的合作，其中与世界银行等金融机构的合作最为密切。这些金融机构在农业发展、基础设施建设、资金支持等方面都为我国扶贫事业作出了贡献。二是重视国家间区域间的扶贫合作。我国一直都比较重视国际社会减贫事业的发展，尤其重视与发展中国家的扶贫交流合作。

党的十八大以来，国务院扶贫开发领导小组和有关部门围绕脱贫攻坚考核机制、精准扶贫工作机制、干部驻村帮扶机制、财政专项扶贫资金管理机制、金融服务机制改革和社会参与机制改革，进行了一系列的机制创新，为打赢脱贫攻坚战构建了完善的制度保障。

脱贫攻坚考核机制改革。贫困县考核机制改革的重点是转变不考虑贫困地区功能和职责差异的以地区生产总值为主的考核制度，建立以扶贫开发为中心指标的考核制度，研究建立重点县退出机制，建立扶贫开发效果评估体系。省级党委、政府考核改革按 2016 年中共中央办公厅、国务院办公厅印发的《省级党委和政府扶贫开发工作成效考核办法》，主要考核内容包括：建档立卡贫困人口减少数量、贫困县退出、贫困地区农村居民收入增长情况等减贫成效，建档立卡贫困人口识别、退出精准度，扶贫对象对驻村工作队和帮扶责任人帮扶工作的满意度以及财政专项扶贫资金绩效。

精准扶贫工作机制改革。2014 年 5 月，国务院扶贫办出台了《建立精准扶贫工作机制实施方案》，确立了精准扶贫工作机制。习近平总书记明确指出了精准扶贫的内涵，包括扶贫对象精准、项目安排精准、资金使用精准、措施到户精准、因村派人精准、脱贫成效精准。

干部驻村帮扶机制改革。新的干部驻村帮扶机制出台后，各地区都相应出台了本地的干部驻村帮扶工作管理办法。由于实行新的考核和激励机制，新一轮的驻村干部比以前有更大的责任心和积极性，在引进资金、项目，协助村干部和帮助贫困村、贫困户脱贫等方面取得了明显的效果。

财政专项扶贫资金管理机制改革。2014年8月，国务院扶贫开发领导小组发布的《关于改革财政专项扶贫资金管理机制的意见》，提出了财政资金分配和管理要精准扶持、突出重点、权责匹配、公开透明的原则。财政专项扶贫资金管理机制的改革，就是要在增加各级政府财政专项扶贫资金投入的同时，加大资金管理改革力度，增强资金使用的针对性和实效性，确保项目资金到村入户；创新资金使用的激励机制，把资金分配与工作考核、资金使用绩效评价结果结合起来，探索以奖代补等竞争性分配办法；简化资金拨付流程，把项目审批权限下放到县；以脱贫攻坚规划和重大扶贫项目为平台，整合扶贫和相关涉农资金，集中解决突出贫困问题。

金融服务机制改革。完善金融服务机制是创新扶贫工作机制的重要内容。金融服务机制改革就是要利用好国家货币政策的扶贫功能，通过金融机构、制度、产品和技术创新，改善贫困地区和贫困人口的金融服务。

社会参与机制改革。社会参与机制是以社会公众对自身利益的关心和对社会公共利益、公共事务的自觉认同为基础，通过对社会活动的积极参与，实现发展的过程和方式。2014年6月，国务院扶贫办制定了《创新扶贫开发社会参与机制实施方案》，提出通过完善社会扶贫工作体系、创新社会扶贫工作机制、健全社会扶贫支持政策、营造社会扶贫浓厚氛围，来动员全社会力量参与扶贫开发，形成政府、市场和社会协同推进的大扶贫工作格局。

2. 扶贫制度创新

改革开放以来的扶贫制度创新主要体现在扶贫对象、扶贫主体、扶贫方式和扶贫内容上。一是扶贫对象的创新。改革开放初期，我国面向全国农民推行改革式扶贫方针，以期通过体制改革释放生产力，增加农民的收入，解决农民普遍的温饱问题；到 20 世纪 80 年代中期，中央决定实行区域性扶贫，由国家划设一定的区域作为扶贫对象；1994年初步将扶贫对象具体到贫困乡；《中国农村扶贫开发纲要（2001—2010 年）》进一步将扶贫对象下沉至贫困村，并初步要求扶贫工作具体落实到户。二是扶贫主体的创新。随着社会参与扶贫的激励机制的规范和完善，充分调动社会力量和资源，加快减贫和消灭贫困的步伐。扶贫主体的创新，开创了以政府为主导的多元化主体参与的新局面。三是扶贫方式的创新。1978—1986 年中国的扶贫制度推行的是体制改革式扶贫，通过改革农村的经济制度，实行家庭联产承包责任制，调动农民生产积极性，释放农村社会生产力，提高整个农村经济发展水平，使大部分农民摆脱贫困状况；从 1986 年至今，推行大规模有组织有计划的扶贫开发政策，将以往"输血式"扶贫方式，转变为"造血式"扶贫，提高贫困地区、贫困人口的独立自主、自力更生的能力。四是扶贫内容的创新。21 世纪前，无论是改革式扶贫还是开发式扶贫，我国的扶贫工作重点是经济扶贫，主要解决贫困人口的温饱问题。这个时期扶贫制度主要通过推动贫困地区经济的发展，提高贫困地区农民的收入水平。

脱贫攻坚的制度创新主要体现在围绕解决"四个问题"，即着力解决"扶持谁""谁来扶""怎么扶"和"怎么退"的问题。一是完善贫困识别制度，切实解决好"扶持谁"的问题。各地基于"精准"的要求，也建立了各具特色的识别方法和制度。另外，通过"减贫大数据"建设，摸清了新时期中国农村贫困的"底数"。二是加强基层力量，强化驻村帮扶，切实解决好"谁来扶"的问题。脱贫攻坚时期的驻村帮扶充分体现了精准扶贫的顶层设计，有着明确的责任和严格的监管制度。驻村帮扶获得了稳定的帮扶资源，并与第一书记、党员干部联系贫困户相结合，形成更加完善的制度。三是坚持分类施策，切实解决好"怎么扶"的问题。通过发展生产和转移就业、易地扶贫搬迁、发展教育、生态补偿以及社会保障兜底来实现对贫困群众的精准帮扶。四是建立脱贫认定机制，切实解决好"怎么退"的问题。强化退出机制是精准扶贫、精准脱贫的又一重大机制创新，即明确设定脱贫时间表，实现有序退出，既防止拖延病，又防止急躁症。此外，创新重点区域聚焦机制，着力破除革命老区、民族地区、边疆地区、集中连片特困地区等贫困地区发展瓶颈；创新特殊贫困群体帮扶机制，促进妇女、儿童、老年人、残疾人等特殊群体中的贫困人口稳定脱贫。

中国扶贫制度的发展过程是一个制度创新的过程，随着制度在扶贫对象、扶贫主体、扶贫方式和扶贫内容等方面的创新发展，扶贫对象更加精准化、扶贫主体更加多元化、扶贫内容更加丰富。当前精准扶贫在实践中仍然面临着一些问题，需要制度进一步完善、创新去解决。

3. 扶贫模式创新

中国在长期的扶贫开发实践中，探索创新形成了一系列成功模式，这些模式具有以贫困人口脱贫致富为目标、以开发式扶贫为手段、以提升贫困群众内生发展动力为根本等特征。

传统扶贫模式的完善和创新。一是整村推进。"整村推进"是以村级社会、经济、文化的全面发展为目标，坚持开发与发展并举，一次规划，分步实施，突出重点，整体推进。在建设内容上以发展经济和增加贫困人口的收入为中心，力求山、水、田、林、路综合治理，教育、文化、卫生和社区精神文明共同发展；在资金投入和扶持力度上，以政府投入为引导，以村级物质资源和劳动力资源为基础，充分调动政府各部门和社会各界的力量，使各方面的扶贫资金相互配套、形成合力，集中投向贫困村需要建设的项目，达到"集小钱办大事"的目的。二是产业扶贫。产业扶贫是新时期我国农村开发式扶贫的主要模式之一。产业扶贫以市场经济为导向，以科技为支撑，以农产品为原料，以加工或销售企业为龙头，发展具有地方特色的支柱产业，通过拳头产品带动基地建设，通过基地建设联系千家万户，从整体上解决贫困农户的温饱问题。三是社会扶贫。扶贫济困是中华民族的传统美德，中国政府始终注重发扬这一优良传统，组织和动员社会力量积极参与脱贫开发，共同推进减贫事业发展。社会扶贫是由中央政府倡导、各级政府率先垂范、全社会广泛参与的一种扶贫模式。实践证明，在坚持政府主导扶贫的前提下，广泛动员社会力量积极参与扶贫济困，是加大脱贫攻坚力度、促进贫困地区经济发展、加快全面建成小康社会进程的有效举措。四是教育扶贫。在阻断贫困代际传递的治本之策等精准扶贫思想的指导下，其顶层设计的核心理念逐渐由追求教育起点公平转向追求教育过程公平。五是社会保障兜底扶贫。社会保障兜底扶贫能够保证贫困人口基本生活，推进贫困地区经济发展，平衡收入分配。

新兴扶贫模式的探索和运用。一是生态扶贫。生态扶贫以绿色发展理念为指导，以绿色生态农业的发展带动贫困地区和贫困人口脱贫为目标，不仅能够促进贫困对象脱贫，让贫困人口享受绿色农业的红利，还能促进乡村环境改善，推动人与自然和谐发展，是践行绿水青山就是金山银山理念的重要举措。二是易地扶贫搬迁。易地扶贫搬迁模式不同于传统意义上的救济式扶贫和开发式扶贫，它是将生存条件极其恶劣地区的贫困农民搬迁安置到其他地区，并通过改善安置区的生产生活条件、调整经济结构和拓展增收渠道，帮助搬迁人口逐步脱贫致富。其特征是实现人地分离，让人离开已不再适宜人类生存和发展的地区，另辟生产、生活条件较好的地区居住、发展。此外，技术手段发展也有效助力了脱贫攻坚的深入，包括大数据驱动下的反贫困治理、电子商务与消费扶贫等。

第二章

脱贫攻坚的要求
与扶贫创新改革

新时代中国的扶贫开发不仅是对广大贫困人群权益的保障，也不仅是对贫困地区发展的扶持，更不能简单理解为某一个时期的政策和资源的倾斜。新时代中国的扶贫开发是在中国崛起的大背景下的必然使命，是自新中国成立以来党和政府对人民群众一如既往的关注所导向的必然局面，是我国社会主义制度下全面建成小康社会的必然选择。新时代的脱贫攻坚是贫困地区和人民的迫切需求，是我国现阶段扶贫开发的迫切需要，更是兑现我国实现全面建成小康社会庄严承诺的必然要求，是建设社会主义大国强国的迫切需求，这是属于当代中国人的历史重任。习近平总书记自党的十八大以来就当代脱贫攻坚发表了一系列重要论述，阐明了新时代我国扶贫开发的重大理论和实践问题，丰富和拓展了中国特色扶贫开发道路的内涵，为新时代的扶贫开发工作指明了方向。

一、新时代脱贫攻坚的要求

（一）消除贫困是社会主义的本质要求

党的十八大以来，以习近平同志为核心的党中央将扶贫开发摆到治国理政的重要位置，将扶贫开发提升到事关全面建成小康社会、实现第一个百年奋斗目标的新高度。全面建成小康社会与脱贫攻坚可以说是整体与局部的关系，我国贫困人口脱贫只是全面建成小康社会大局中的一部分，但贫困是全面建成小康社会中的最大短板，贫困地区和贫困人群如期脱贫是全面建成小康社会的底线任务，也是重中之重。决胜全面建成小康社会和脱贫攻坚，对于实现"两个一百年"奋斗目标、实现中华民族伟大复兴具有重大意义。

习近平总书记曾多次指出："贫穷不是社会主义。如果贫困地区长期贫困，面貌长期得不到改变，群众生活长期得不到明显提高，那就没有体现我国社会主义制度的优越性，那也不是社会主义。""消除贫困、改善民生、逐步实现共同富裕，是社会主义的本质要求，是我们党的重要使命。""得民心者得天下。从政治上说，我们党领导人民开展了大规模的反贫困工作，巩固了我们党的执政基础，巩固了中国特色社会主义制度。"这些论述无不表明了脱贫攻坚不是一项一般性的工作，不是一项单纯的扶持与救助，而是体现了社会主义根本价值追求和奋斗理想，体现了我党、我国宏伟目标的重要工作。

社会主义从诞生之日起，便把消除贫困、实现社会公正作为自己的理想，马克思主义理论更是指出一条实践性的道路，指引我们消灭剥削、去除资本对人的异化，将社会主义真正地付诸实践。而随着马克思主义扎根在中国，具有中国特色的社会主义逐渐发展壮大，邓小平同志提出将"共同富裕"视为社会主义的根本特征与价值追求。

消除贫困、改善民生、逐步实现共同富裕，是社会主义的本质要求，是我们党的重要使命。习近平总书记关于扶贫工作的重要论述，是对马克思主义价值观的坚守与捍卫，更是对它的发展与深化。党的十八大报告中首次提出全面建成小康社会。"建成"与"建设"一字之差，但意义深远。扶贫开发战略是实实在在地将理想化的追求实践化、可操作化的重大举措。习近平总书记曾多次指出，我们只有让大量贫困人口摆脱贫困，过上体面而有尊严的生活，激发出他们身上巨大的活力，才能让他们为中国特色社会主义事业进一步注入鲜活的动力，进一步增强中国特色社会主义的凝聚力和向心力，巩固和增强我党的执政根基。扶贫开发已经到了脱贫攻坚的阶段，到了"啃硬骨头""打硬仗"的阶段，拿不下脱贫攻坚这个任务，就会影响到我们"四个全面"战略布局的实施，影响到全面建成小康社会，影响到"两个一百年"奋斗目标，影响我党的威信与执政能力，影响中国梦的最终实现。正因如此，习近平总书记始终将扶贫开发工作视为我们党和政府的重大职责，视为"为人民服务"宗旨的重要体现。

（二）脱贫攻坚是全面建成小康社会的底线任务

习近平总书记曾多次强调："小康不小康，关键看老乡，关键看贫困老乡能不能脱贫。""全面建成小康社会、实现第一个百年奋斗目标，农村贫困人口全部脱贫是一个标志性指标。""全面建成小康社会，关键是要把经济社会发展的'短板'尽快补上，否则就会贻误全局。全面建成小康社会，最艰巨的任务是脱贫攻坚，最突出的短板在于农村还有 7000 多万贫困人口。""经过多年努力，容易脱贫的地区和人口已经解决得差不多了，越往后脱贫攻坚成本越高、难度越大、见效越慢。""脱贫攻坚已经到了啃硬骨头、攻坚拔寨的冲刺阶段，所面对的都是贫中之贫、困中之困，采用常规思路和办法、按部就班推进难以完成任务。"这些论述深刻地指出，全面建成小康社会，关键在于"全"，我们不仅要在总体上、总量上实现小康，更重要的是让农村和贫困地区尽快赶上来，逐步缩小地区间发展不平衡所带来的差距，让国家高速发展的成果惠及全体人民，这是实现全面建成小康社会目标的现实需要，更是实现社会主义共同富裕目标的基础和前提。

中国共产党从新中国成立早期便关注贫困问题，在新中国成立之初中国共产党便建立起了具有强大中央整合和动员能力的国家治理体系，完成了国家建构的基础性工程，打碎了长期固有的、顽固的、传统的、封建的以及近代资本主义垄断式的诸多不平等镣铐，创造了相对平等的社会。在此保障下，历史地选择了"大锅饭"式的反贫困模式，建立了紧急救济计划和依托自上而下的民政救济系统，实施平均分配加社会救济的扶贫战略。

改革开放以后，党的工作重心转到经济建设上，农村扶贫开始由政治救济慢慢转向经济开发。1978 年，开始小规模、小范围地扶贫开发。1982 年国家启动"三西"扶贫开发计划，对宁夏西海固和甘肃定西、河西三个区域进行经济开发。整体而言，这一时期党的扶贫策略由政治救济转向经济开发，主要着眼点是"把农民组织起来"，不论从形式上还是实质上都主张组织农民群众搞生产，巩固党在农村的领导核心地位。之后通过实施农村经济体制改革、市场改革等一系列举措，进一步解放生产力，中国经济走上了快速发展的道路，农村的贫困状况大大改善。但是，内陆地区、边远山区由于受到自然条件、发展能力等因素的限制，发展的情况远远落后于沿海地区与平原地区，区域间的贫富差距进一步凸显，农村经济体制改革带动减贫的边际效益逐渐递减。在这种情况下，中国政府成立了专门的扶贫机构，实施以县为单位的扶贫瞄准机制，加大财政专项扶持力度，针对贫困地区进行大规模的开发式扶贫，进一步提升减贫成效，解决经济社会发展不平衡的问题。

1994 年出台的《国家八七扶贫攻坚计划》是新中国历史上第一个有明确目标、明确对象、明确措施和明确期限的扶贫开发行动纲领。

这一阶段，中国重新调整了国家扶贫开发工作重点县名单，积极开展行业扶贫，建立东西部扶贫协作机制，动员社会力量参与扶贫，采取多元化的帮扶措施，进一步完善了扶贫开发的方式与内容。在1997—1999年这三年中，中国每年有800万贫困人口解决了温饱问题，到2000年底，国家"八七"扶贫攻坚目标基本实现。

2001年国务院发布《中国农村扶贫开发纲要（2001—2010年）》，创造性地提出开发式扶贫并重点关注集中连片特困地区，这一时期，中国将"老、少、边、穷"等集中连片特困地区作为扶贫开发的重点，把残疾人纳入扶持范围，实施扶贫资源村级瞄准机制，积极开展定点帮扶、对口帮扶、社会帮扶，推进劳动力转移培训和产业化扶贫。2011年，在21世纪第二个扶贫开发十年规划，即《中国农村扶贫开发纲要（2011—2020年）》中，由对集中连片特困地区的关注进一步拓展为对重点县和贫困村乃至贫困户的关注，精准扶贫理念逐步形成。

精准扶贫要解决好"扶持谁""谁来扶""怎么扶""如何退"四个问题，落实"五个一批"，确保"六个精准"。2015年，中共中央、国务院颁布《中共中央 国务院关于打赢脱贫攻坚战的决定》，进一步强调要实施精准扶贫方略，要广泛动员全社会力量。这一时期，精准扶贫逐渐上升到治国理政、关乎全面建成小康社会的重要战略位置，精准扶贫在全面展开的"三位一体"大扶贫格局中不断深化。我们常说新时代的脱贫攻坚是最艰巨的任务，扶贫开发已进入"啃硬骨头、攻坚拔寨"的冲刺期，形势严峻。但我们同时也要认识到，今天的局面是我党带领人民长期奋斗换来的，扶贫非一日之功，我们通过不懈的努力让扶贫开发走到了今天这一步，这一步固然艰难，但来到这一步前的漫长路程已由前人踏完，新时代的脱贫攻坚是属于我们这一代人的时代使命，打赢脱贫攻坚战是全面建成小康社会的底限目标。

（三）精准扶贫是脱贫攻坚的科学方法

习近平总书记深刻指出："扶贫开发推进到今天这样的程度，贵在精准，重在精准，成败之举在于精准。搞大水漫灌、走马观花、大而化之、手榴弹炸跳蚤不行。""总结各地实践和探索，好路子好机制的核心就是精准扶贫、精准脱贫，做到扶持对象精准、项目安排精准、资金使用精准、措施到户精准、因村派人（第一书记）精准、脱贫成效精准。""扶贫开发成败系于精准，要找准'穷根'、明确靶向，量身定做、对症下药，真正扶到点上、扶到根上。脱贫摘帽要坚持成熟一个摘一个，既防止不思进取、等靠要，又防止揠苗助长、图虚名。""要把精准扶贫、精准脱贫作为基本方略。"这些论述体现了党的十八大以来党中央对扶贫开发工作的新部署新要求，体现了现阶段我国扶贫战略最突出的特征，是对过去扶贫工作方式方法的根本性改革，旨在进一步提高脱贫攻坚的精准度和有效性。精准扶贫是打赢脱贫攻坚战的根本指针。

习近平总书记首次提出"精准扶贫"概念之后，在多个场合阐述过其深刻内涵，而其要求、路径、方式也在不断地丰富发展。这是我国长久以来扶贫方式的重要改变，其根本目的就是保证党和政府的政策能够精准地落到贫困地区、贫困群众身上，确保贫困地区和群众能尽快脱贫，改善生活状态。

精准扶贫提出了精准识别、精准帮扶、精准管理等方面的要求。其中精准识别是精准扶贫的前提。精准识别是指通过有效、合规的程序，把谁是贫困人口识别出来。总的原则是"县为单位、规模控制、分级负责、精准识别、动态管理"，开展到村到户的贫困状况调查和建档立卡工作，包括群众评议、入户调查、公示公告、抽查检验、信息录入等内容。

精准帮扶是精准扶贫的关键。贫困人口识别出来以后，针对扶贫对象的贫困情况定责任人和帮扶措施，确保帮扶效果。就精准到户到人来说，精准帮扶一是要坚持习近平总书记强调的"实事求是，因地制宜，分类指导，精准扶贫"的工作方针，重在从"人""钱"两个方面细化方式，确保帮扶措施和效果落实到户、到人。二是到村到户。要做到"六个到村到户"：基础设施到村到户、产业扶持到村到户、教育培训到村到户、农村危房改造到村到户、扶贫生态移民到村到户、结对帮扶到村到户。真正把资源优势挖掘出来，把扶贫政策含金量释放出来。三是因户施策。通过进村入户，分析掌握致贫原因，逐户落实帮扶责任人、帮扶项目和帮扶资金。按照缺啥补啥的原则宜农则农、宜工则工、宜商则商、宜游则游，实施水、电、路、气、房和环境改善"六到农家"工程，切实改善贫困群众生产生活条件，帮助其发展生产，增加收入。四是资金到户。对贫困人群的生产发展和读书看病进行资金上的扶持。五是干部帮扶。干部帮扶应采取群众"点菜"、政府"下厨"方式，从国家扶贫政策和村情、户情出发，帮助贫困户厘清发展思路，制定符合发展实际的扶贫规划，明确工作重点和具体措施，并落实严格的责任制，做到不脱贫不脱钩。

精准管理是精准扶贫的保证。其中包含三个要求：

一是农户信息管理。要建立起贫困户的信息网络系统，将扶贫对象的基本资料、动态情况录入系统，实施动态管理。对贫困农户实行一户一本台账、一个脱贫计划、一套帮扶措施，确保扶到最需要扶持的群众、扶到群众最需要扶持的地方。年终根据扶贫对象发展实际，对扶贫对象进行调整，使稳定脱贫的村与户及时退出，使应该扶持的扶贫对象及时纳入，从而实现扶贫对象有进有出，扶贫信息真实、可靠、管用。

二是阳光操作管理。按照国家《财政专项扶贫资金管理办法》，对扶贫资金建立严格完善的管理制度，建立扶贫资金信息披露制度以及扶贫对象、扶贫项目公告公示公开制度，将筛选确立扶贫对象的全过程公开，避免暗箱操作导致应扶未扶，保证财政专项扶贫资金在阳光下运行。筑牢扶贫资金管理使用的带电"高压线"，治理资金"跑冒滴漏"问题。同时，还应引入第三方监督机制，严格扶贫资金管理，确保扶贫资金用准用足，不致"张冠李戴"。

三是扶贫事权管理。对扶贫工作，省、市两级政府主要负责扶贫资金和项目监管，扶贫项目审批管理权限原则上下放到县，实行目标、任务、资金和权责"四到县"制度，各级都要按照自身事权推进工作；各部门也应以脱贫攻坚规划和重大扶贫项目为平台，加大资金整合力度，确保精准扶贫，集中解决突出问题。

二、脱贫攻坚的理论和实践创新

党的十八大以来，以习近平同志为核心的党中央把脱贫攻坚纳入"五位一体"总体布局和"四个全面"战略布局，吹响了打赢脱贫攻坚战的进军号，脱贫攻坚取得了举世瞩目的成就。习近平总书记指出，打赢脱贫攻坚战，对全面建成小康社会、实现"两个一百年"奋斗目标具有十分重要的意义。

脱贫攻坚进入攻城拔寨阶段，习近平总书记关于扶贫工作的一系列重要讲话、重要指示，形成了思想深邃、内涵丰富、系统全面、逻辑严谨的思想体系，为打赢脱贫攻坚战提供了行动指南和根本遵循，具有重大的现实意义和深远的历史意义。习近平总书记关于扶贫工作的重要论述，为脱贫攻坚提供了方法论，明确了路线图。党的十八大以来，基于精准扶贫精准脱贫方略和脱贫攻坚的顶层设计，我国脱贫攻坚在理论创新基础上进行了大量的实践创新。

（一）脱贫攻坚的理论创新

打好精准脱贫攻坚战是党的十九大提出的三大攻坚战之一，对如期全面建成小康社会、实现我党第一个百年奋斗目标具有十分重要的意义。伟大的实践需要伟大思想的指导，在习近平总书记关于扶贫工作的重要论述引领下，我国脱贫攻坚理论不断创新。[1]

习近平总书记关于扶贫工作的重要论述是党的十八大以来我国脱贫攻坚战的指导思想，其核心要义是精准扶贫精准脱贫方略。这一方略内涵丰富、体系严密，既包含了脱贫攻坚总体性、基础性的理论判断，也涉及脱贫攻坚各个领域和各方面的深刻阐述。

首先，习近平总书记对于脱贫攻坚的重大意义做出了新的判断，指出："全面建成小康社会目标能不能如期实现，很大程度上要看扶贫攻坚工作做得怎么样。"将打赢脱贫攻坚战与全面建成小康社会紧密关联，从"短板"的角度审视经济社会的发展，不仅是社会主义建设理论的重大创新，也是中国特色社会主义道路、面向共产主义理想的探索。马克思、恩格斯曾在《共产党宣言》里这样描述共产主义理想："代替那存在着阶级和阶级对立的资产阶级旧社会的，将是这样一个联合体，在那里，每个人的自由发展是一切人的自由发展的条件。"习近平总书记多

---

[1] 黄承伟：《论中国脱贫攻坚的理论与实践创新》，《河海大学学报（哲学社会科学版）》2018 年第 2 期。

次讲到的"小康不小康，关键看老乡"，不仅表达了脱贫攻坚补齐短板对于经济社会发展的意义，这里同样包含了全体人民共同的价值诉求，是对共产主义理想在现阶段现实挑战下的伟大探索。习近平总书记关于扶贫工作的重要论述贯穿了马克思主义的基本立场和方法。不仅把全体人民的发展看作社会发展的重要目标，视脱贫攻坚为全面建成小康社会的底线任务；同样把人的全面发展作为脱贫攻坚的重要内容，把调动贫困地区干部群众积极性和创造性作为脱贫攻坚的重要原则，使扶贫工作有了超越温饱目标和面向美好生活的全新内涵。

其次，习近平总书记深刻阐述了脱贫攻坚的基本方略。"六个精准""五个一批""四个问题"等重要方略是我国扶贫理论的重大创新，开启了脱贫攻坚工作的全新局面。一方面，这些方略是我国长期大规模扶贫工作的继承和发展，是针对过去扶贫存在的各类问题整体性的解决方案；另一方面，这些方略对于国际减贫所存在的普遍性和一般性问题的解决亦是重要的创新。以贫困人群的瞄准为例，实施精准扶贫以来，我国贫困户的识别率和瞄准率达到了全球从未有过的水平。"凡是有脱贫攻坚任务的党委和政府，都必须倒排工期、落实责任，抓紧施工、强力推进。特别是脱贫攻坚任务重的地区党委和政府要把脱贫攻坚作为'十三五'期间头等大事和第一民生工程来抓，坚持以脱贫攻坚统揽经济社会发展全局。"从而实现扶贫开发路径由"大水漫灌"向"精准滴灌"转变，扶贫资源使用方式由多头分散向统筹集中转变，扶贫开发模式由偏重"输血"向注重"造血"转变。

最后，习近平总书记深刻论述了贫困治理与经济社会发展全局的关系。习近平总书记把脱贫攻坚纳入"五位一体"总体布局和"四个全面"战略布局进行部署，摆在治国理政的重要位置，提出"以脱贫攻坚统揽经济社会发展全局"的重要理念，是对贫困治理与经济社会发展关系理论的重大创新。习近平总书记指出："要把脱贫攻坚实绩作为选拔任用干部的重要依据，在脱贫攻坚第一线考察识别干部，激励各级干部到脱贫攻坚战场上大显身手。要把贫困地区作为锻炼培养干部的重要基地，对那些长期在贫困地区一线、实绩突出的干部给予表彰并提拔使用。"通过精准扶贫、精准脱贫，不仅贫困群众生产生活条件能有较大改善，贫困地区以及非贫困地区的干部培养和社会治理能力也会获得根本性的提升。这在很大程度上突破了过去专项贫困治理的局限，而且将贫困问题解决和经济社会整体健康发展紧密联系在一起，不仅体现了中国特色社会主义制度优越性，也成为新常态下扩大国内需求、促进经济增长的重要途径。而扶贫考评体系由侧重考核地区生产总值向主要考核脱贫成效转变，有助于规避地方发展"GDP 主义"的诸多弊端，从而促进地方经济社会的均衡全面发展。

（二）脱贫攻坚的实践创新

围绕着主要目标和基本方略，中央层面进行了一系列的顶层设计，将扶贫理论成功转换为政策和制度安排，地方层面则针对地方情境，通过各类地方层面的创新将来自上层的各类政策设计予以落实。具体而言，脱贫攻坚实践创新集中体现在机制创新、制度创新和模式创新 3 个层面。[①]

1. 机制创新

经过 40 多年的扶贫开发实践，中国共产党已经深刻认识到贫困问题发生有着系统性的根源，因而贫困问题的治理首先要突破若干制度

---

① 黄承伟：《论中国脱贫攻坚的理论与实践创新》，《河海大学学报（哲学社会科学版）》2018 年第 2 期。

性障碍，通过机制层面的创新来提高扶贫开发的效能。党的十八大以来，国务院扶贫开发领导小组和有关部门围绕脱贫攻坚的责任、政策、投入、动员、监督和考核六大体系，进行了一系列的机制创新，从而为打赢脱贫攻坚战建构了完善的制度保障。这些创新具体体现在：构建各负其责、合力攻坚的责任体系，脱贫攻坚重点省份主要负责人向中央签署脱贫攻坚责任书，贫困县党政正职攻坚期内保持稳定；建立脱贫攻坚政策体系，中共中央办公厅、国务院办公厅出台了《中共中央 国务院关于打赢脱贫攻坚战的决定》的 12 个配套文件，各部门出台了 173 个政策文件或实施方案，各地也相继出台和完善"1+N"的脱贫攻坚系列文件，涉及脱贫攻坚各个方面；建立脱贫攻坚投入体系，坚持政府投入的主体和主导作用，增加金融资金投放；建立脱贫攻坚动员体系，发挥社会主义制度集中力量办大事的优势，动员各方面力量合力攻坚；建立脱贫攻坚监督体系，把全面从严治党要求贯穿脱贫攻坚全过程、各环节；建立脱贫攻坚考核体系，中央出台省级党委和政府扶贫开发工作成效考核办法，实行最严格的考核评估制度。

2. 制度创新

脱贫攻坚的制度创新主要体现在围绕解决"四个问题"，即着力解决"扶持谁""谁来扶""怎么扶"和"怎么退"的问题。

一是完善贫困识别制度，切实解决好"扶持谁"的问题。在扶贫的识别方面，经济收入作为唯一识别标准的方法开始被摒弃，多维的识别手段在各地纷纷开展，以贵州的"四看法"为例，就是从粮食、房屋、劳动力和教育等维度综合评价农户家庭状况，形成了直观、易操作的识别手段。各地基于"精准"的要求，也建立了各有特色的识别方法和话语。另外，通过"减贫大数据"建设，摸清了新时期中国农村贫困的"底数",为相关政策安排提供坚实的信息基础,提升了国家贫困治理体系的信息处理能力。

二是加强基层力量强化驻村帮扶,切实解决好"谁来扶"的问题。与以往的驻村帮扶和向农村派驻工作队不同,脱贫攻坚时期的驻村帮扶充分体现了精准扶贫的顶层设计,有着明确的责任和严格的监管制度,驻村帮扶获得了稳定的帮扶资源,并与第一书记、党员干部联系贫困户相结合,形成更加完善的制度。在实施精准扶贫中,驻村帮扶有效地完善了基层的贫困治理、扩大了扶贫资源,与贫困群众一起制定更加可行的脱贫发展规划,并保障规划的落实。驻村帮扶在组织机制、工作机制和管理监测机制方面的创新,有助于打通精准扶贫"最后一公里"。

三是坚持分类施策,切实解决好"怎么扶"的问题。在体现"五个一批"的路径上,通过发展生产和转移就业、易地扶贫搬迁、发展教育、生态补偿以及社会保障兜底来实现对贫困群众的精准帮扶。分类施策有的是对过去扶贫开发模式的发展,有的则是通过与其他领域的结合来实现创新。以易地扶贫搬迁为例,通过将"挪穷窝""换穷业""拔穷根"作为政策顶层设计的核心,不断创新易地扶贫搬迁工作机制,在实践中又形成了精准搬迁精准安置,易地扶贫搬迁与新型城镇化、农业现代化相结合,"挪穷窝"与"换穷业"两方面并举等宝贵经验。

四是建立脱贫认定机制,切实解决好"怎么退"的问题。强化退出机制是精准扶贫精准脱贫的又一个重大机制创新,即明确设定脱贫时间表,实现有序退出,既防止拖延病,又防止急躁症。留出缓冲期,在脱贫攻坚期内实行摘帽不变政策。实行严格评估,按照摘帽标准验收。实行逐户销号，做到脱贫到人，要群众认账。

3. 模式创新

首先，传统扶贫模式的完善和创新。产业扶贫开始注重发展特色产业、促进三产融合以及对于新型农业经营主体的培育，同时强调产业发展的益贫性，规避了过去富产业而不富农民、带贫作用弱的困境，使产业扶贫更加精准。金融扶贫开始转向综合性的金融扶贫，以促进贫困地区和贫困人口的发展，不仅为贫困农户量身打造了"5万元以下、3年期以内、免担保免抵押、基准利率放款、财政贴息、县建风险补偿金"的扶贫小额信贷产品，而且为贫困地区涉农企业上市开通绿色通道。教育扶贫在阻断贫困代际传递的治本之策等精准扶贫思想的指导下，其顶层设计的核心理念逐渐由追求教育起点公平转向追求教育过程公平。社会保障领域则提出医疗保障脱贫、社会保障兜底脱贫、低保和扶贫两项制度有效衔接等政策措施。社会扶贫形成了包括定点扶贫、东西部扶贫协作、军队和武警部队扶贫、企业扶贫、社会组织扶贫、公民个人积极参与扶贫开发的中国特色社会主义扶贫体系。东西部扶贫协作进一步深化发展，协作关系更加完善，精准扶贫精准强化，保障措施趋于制度化。

其次，新兴扶贫模式的探索和运用。生态扶贫出现了特色生态产业扶贫、乡村生态旅游扶贫、土地和房屋置换、开垦耕地、依托小城镇等多种模式。资产收益扶贫成为让贫困人群共享发展成果的一大创新模式，产生了良好的减贫效果，贫困农户获得了稳定增收的渠道，贫困地区自我发展能力增强、财政资金使用效率提高、农村社区建设得以推进，实现了贫困与非贫困群体、社会组织和政府的多方共赢。此外，技术手段发展也有效助力脱贫攻坚的深入，包括大数据驱动下的反贫困治理、"电子商务与信息扶贫"、光伏扶贫等在内的扶贫模式在各地实践中都取得了良好的成效。

最后，贫困治理新模式的尝试和试验。"基于市场的发展型治理和基于权利的保护型治理是我国农村扶贫治理的主要模式"，有的地方注重城乡统筹发展，有些地方在精准扶贫推进中探索了"政府—市场—社会—社区—农户"五位一体的贫困治理模式，不仅要强调政府的主导性作用，也要遵循市场规律，强调市场、社会、社区、扶贫对象的共同参与，形成扶贫开发合力。农村社会工作的发展对于脱贫攻坚起到了一定的助推作用。专业社会工作的推进不仅能够有效反映这些地区真实的需求，链接各类资源，而且能够通过直接参与村庄发展，引导村庄自身能力提升。[1]

三、脱贫攻坚创新的贵州实践

在习近平总书记关于扶贫工作的重要论述引领下，在党中央、国务院领导下，在各方面的大力支持参与下，贵州的新时代脱贫攻坚工作走在全国的前列，尤其在体制机制创新方面，如精准识别（"四看法"）、精准管理（互联网＋扶贫）、产业扶贫（扶贫产业园、利益联结机制、新型政企农关系）、农村集体经济发展（"三变"改革）、生态扶贫（"两山"理论、山地特色现代农业、晴隆模式、长顺做法等）、社会保障兜底扶贫、脱贫攻坚激励机制等诸方面都进行了可贵的探索。

（一）精准识别创新

自习近平总书记首次提出精准扶贫概念之后，精准扶贫的要求、

---

[1]　黄承伟：《论中国脱贫攻坚的理论与实践创新》，《河海大学学报（哲学社会科学版）》2018年第2期。

路径和方式也在不断地丰富发展,已逐渐形成一套成熟而完整的扶贫体系。精准扶贫的前提是精准识别。

贵州在精准识别方面创新性地提出"四看法"。"四看法"即"一看房、二看粮、三看劳动力强不强、四看家中有无读书郎"。这个"四看"从房屋、饮食、劳动力、教育等多个维度进行考量。"四看法"是贵州立足于地方实际,逐步探索成熟的贫困识别体系。"四看法"囊括了四大类一百多项指标,涵盖自然地理条件、基础设施、文化教育水平、基本公共服务、可行能力等多维度指标。"四看法"经历了科学的论证,在实践中反复调整完善,能够体现贫困识别的一般性要求,又能够结合地方贫困现实。在贫困标准、"两不愁三保障"内涵、贫困退出指数设计等方面,已经逐渐成为中国贫困识别、贫困瞄准的重要地方模式。

六盘水市提出"凉都六法"(入户调查法、实地踏勘法、比对排除法、民意问卷法、联合审核法、公示公告法)和"五定五看"(定人头看责任、定地头看产业、定龙头看就业、定户头看保障、定年头看成效)评价体系,深入开展贫困户精准识别、精准帮扶"回头看",加强动态管理,确保扶贫对象精准靶心不散。

(二)产业扶贫创新

产业扶贫是精准扶贫的重要举措,是激发贫困群众内生动力、稳定脱贫的有效途径,更是从"输血式"扶贫逐步转向"造血式"扶贫的一大体现。产业扶贫,着眼于贫困人口可持续生计能力的提升,对于解决贫困人口的脱贫问题,具有根本性意义。产业兴则经济兴,产业兴则百姓兴。贵州省在发展产业的过程中围绕全省产业区域和产业扶贫专项规划,谋划布局县域主导生态产业。首先,强调地区之间协作，确保省域、县域内多种生态产业相互协同、有所配合，又各有特色。其次，深挖各类生态资源，基于地区优势自然资源，因地制宜选取和发展生态产业。再次，重视生态旅游发展，通过多种途径、多种复合产业带动贫困户。最后，同步重视做好产业的生态化工作，在产业发展中重视生态循环与生态保护。

依照习近平总书记"立足当地资源，宜农则农、宜林则林、宜牧则牧、宜商则商、宜游则游，通过扶持发展特色产业，实现就地脱贫"的指示，贵州省挖掘适合自身的特色生态产业，推动特色产业做大做强。农业是低利润产业，单纯的种植和粗加工较难获得可观的利润空间，有限的利润不利于人力资源的保留或者召回。农业更是弱势产业，非常容易受自然风险、市场风险和技术风险的影响，而产业的风险很可能意味着既往的投入付诸东流，农民本来贫困的状况可能更加窘迫。因此贵州省注重形成完整的产业链和构建三产融合的格局，从而增加产业的利润空间，丰富产业的层次，提供更多更优质的就业机会，完善产业结构。同时建设产业品牌、拓展市场多方协作、提升生态产业效益、降低产业风险、为产业的市场化和转型做铺垫等重要举措成了生态产业发展的必由之路。

（三）脱贫机制创新

贵州省以产业为纽带，坚持把资源变资产、资金变股金、农民变股东的"三变"改革作为促进产业发展、带动贫困人口持续增收的黄金腰带。一是推进资源、资产、资金"三资"入股，着力打造"股份农民"。二是采取保底收益、务工收益、分红收益"三重收益"方式，着力增加群众收入。三是实行合同书、股权证、分红单"三个到户"监管措施，着力保护农民权益。通过"三变"改革促进了农业生产增效、农民生活增收、农村生态增值，为农业农村发展培育了新动力，成为农村脱贫攻坚和全面小康建设的强大引擎。六盘水市以"三变"改革为引领，带动贫困人口持续增收。盘州市深化拓展"三变"改革，建立"保底分成＋务工利益＋经营收益＋股权收益"的利益联结机制，推进农业供给侧结构性改革，促进了农业增效、农民增收和农村集体经济发展。安顺市西秀区大力推广农村"三变"改革，推广"龙头企业＋合作社＋贫困农户"模式，鼓励"村社合一"合作社与贫困户捆绑发展，建立稳定增收保障机制，不断拓展贫困户增收渠道，确保每个贫困户都落实一项以上产业帮扶措施，全区涌现出"1168""1225"① 等一批产业带动贫困户受益的联结模式。

"三变"改革4次写入中央文件，2017年入选全国精准扶贫十佳典型经验，2018年入选全国产业扶贫十大机制创新典型。"三变"模式的意义体现在多方面，包括促进农民尤其是贫困农户分享农业产业发展的成果，促进新一轮农村生产力的释放，促进生产方式、经营方式、组织方式的优化，为新型政企农关系设置基本框架等。

（四）社会扶贫创新

广泛动员社会各界力量参与脱贫攻坚是中国特色扶贫开发事业的重要组成部分，集中体现了社会主义制度的优越性和中华民族扶贫济困的优良传统美德，营造了社会扶贫的良好氛围，搭建了社会扶贫的广阔平台，培育了社会扶贫的多元主体，创新了社会扶贫的参与方式。

贵州省在社会扶贫方面大胆创新。一是动用各类主体的力量，搭

---

① "1168"是指：1名乡村干部自愿领办100亩种植养殖产业，带动6个贫困户，实现每户每年增收8000元以上。"1225"是指：村集体占管理股10%，合作社占经营股20%，小微企业占作业股20%，贫困户占效益股50%。

建各种社会扶贫的多元参与平台。包括定期联络制度，推进定点扶贫；完善交流合作平台，强化对口帮扶；动员社会大众参与，建设公益队伍等。二是不断创新社会参与途径，开拓社会扶贫通道，包括整合扶贫资源，推进集团帮扶；运用网络平台，打破现实壁垒；推动政府购买服务，促进各类主体参加社会扶贫公共服务。三是创新东西部扶贫协作机制，促进人财物三方面东西互通，实现先富帮后富、最终实现共同富裕目标。贵州省聚焦组织保障，引领开放开发；聚焦对口项目，实施精准扶贫；聚焦产业壮大，推动绿色发展；聚焦扶志扶智，激发内生动力；聚焦民生事业，凝聚各方力量，实现在组织保障、人才交流、资金支持、产业合作、劳务协作、携手奔小康行动等方面的深入交流协作，实现东西部特色结合，各取所需，取长补短，共促发展。

（五）生态扶贫创新

习近平总书记关于生态扶贫的论述中"宁要绿水青山，不要金山银山，而且绿水青山就是金山银山"这一句堪称是生态与发展关系的最好总结。贵州省自觉践行"两山"理论，大力实施生态扶贫。一是挖掘主导生态产业，合理利用生态资源创造经济效益。二是围绕全省产业区域和产业扶贫专项规划，谋划布局县域主导生态产业。三是深挖各类生态资源，基于地区优势自然资源，因地制宜选取和发展生态产业。四是重视生态旅游发展，通过多种途径带动贫困户。五是同步重视做好产业的生态化工作，在产业发展中重视生态循环与生态保护。贵州省更新观念，逐步抛弃原有依靠罚款和惩罚等负向约束而发挥作用的生态治理机制，积极探索各类能够为群众带来正向激励的生态治理机制，有效促进了生态环境保护、人居环境改善和群众生态环保意识的提升。

（六）社会保障兜底扶贫创新

社会政策要兜底，对于贫困人群尤其如此，因灾致贫、因病致贫、因学致贫等多重因素，制约着稳定脱贫的实现。通过兜底式扶贫，建构贫困人群的社会安全网。针对深度贫困地区和特殊困难群体，贵州省强化对深度贫困地区的支持，围绕加强社会救助兜底、鼓励和引导社会力量参与、夯实脱贫攻坚基层组织基础、优化行政区划设置等方面工作助推深度贫困地区脱贫攻坚。具体来说：一是强化对特殊困难群体的救助保障，在发放基本保障金的基础上增发特殊困难补助金。二是强化特困人员托底供养，全方位保障基本生活、照料服务、疾病治疗、住房救助、教育救助等方面。三是强化留守儿童、困境儿童关爱救助保护，妥善解决留守儿童、困境儿童无人监护、失学辍学、无户籍等突出问题。四是强化急难救助，有效保障生活陷入困境、生存面临危机贫困群众的基本生活。

（七）激励机制创新

自脱贫攻坚行动开展以来，贵州省各地区积极贯彻国家政策，依据激励机制与容错纠错机制的政策标准，开展关怀激励与容错纠错活动，提高扶贫干部的扶贫干劲。建立健全对扶贫干部的关怀激励保障机制，为决胜脱贫攻坚、同步全面小康提供了坚强的组织保障。六盘水市为全市每个驻村干部配送了一本书（《习近平的七年知青岁月》）、一床电热毯、一笼火、一个小药箱"四件套"，送去了组织的温暖，让驻村干部"安心扎寨"，将关心关爱驻村干部落到实处，激发基层干部"牢记嘱托、感恩奋进"，扎根基层、苦干实干。贵州省走出了一条关怀激励和容错纠错的创新之路。

（八）创新解决深度贫困问题的实现路径

党的十八大以来，贵州省委、省政府认真贯彻落实习近平总书记关于扶贫工作的重要论述，把扶贫开发作为贵州最大的民生工程来抓，创新机制，突出重点，整体推进，走在了全国前列。[①] 新的历史减贫时期，贵州省按照"区域发展带动扶贫开发、扶贫开发促进区域发展"思路统筹解决深度贫困地区的脱贫问题。贵州省创新解决深度贫困问题的实现路径可以概括为：区域发展与扶贫开发协同，基层治理与精准扶贫并重。

贵州省全面贯彻落实习近平总书记在深度贫困地区脱贫攻坚座谈会上的讲话精神，科学研判新形势下贵州经济发展新常态和扶贫工作的关系，准确把握新时代脱贫攻坚的战略定位，探索深度贫困治理工作新理念、新路径和新举措，抓住用好扶贫新机遇，推进精准扶贫、同步小康新常态工作。贵州省瞄准深度贫困地区的深度贫困户，在减贫摘帽上下功夫。将深度贫困地区的贫困人口分解落实到各县（区），并与县（区）签订减贫目标责任书，确保任务分解落实到位。制定强有力的减贫措施，重点在拟"减贫摘帽"的县（区）和乡（镇）实施项目，对减贫对象有针对性地扶持，确保减贫任务圆满完成。

[①] 黄承伟、叶韬、赖力：《扶贫模式创新——精准扶贫：理论研究与贵州实践》，《贵州社会科学》2016年第10期。

第三章

精准识别创新

精准扶贫包括精准识别、精准帮扶、精准管理和精准考核四个方面。做好贫困村、贫困人口的精准识别，是实施精准扶贫的首要环节。

一、精准识别的内涵

精准识别就是通过一定的方式将低于贫困线的家庭和人口识别出来，同时找准导致这些家庭或人口贫困的关键性因素，它是精准扶贫的基础。[1] 精准识别要将贫困者平等、没有遗漏地纳入扶贫体系中，识别程序必须是民主、科学和透明的，重点是要在相对贫困的群体中识别出最贫困、最需要扶持的人，通过申请评议、公示公告、抽检核查、信息录入等步骤，将贫困人口和贫困村有效识别出来，并建档立卡。[2] 此外，贫困人口的识别不能仅以收入贫困线作为唯一依据，而应当构建一个综合识别系统，将失业率、支出等指标纳入进来。在识别的过程中，自上而下与自下而上相结合，重视同社区居民的内部评议意见，从制度上保障贫困人口参与权利，规避自上而下识别产生的"规模排斥"效应。[3]

---

[1]　汪三贵、郭子豪：《论中国的精准扶贫》，《党政视野》2016 年第 7 期。

[2]　黄承伟、覃志敏：《我国农村贫困治理体系演进与精准扶贫》，《开发研究》2015 年第 2 期。

[3]　高飞、向德平：《社会治理视角下精准扶贫的政策启示》，《南京农业大学学报（社会科学版）》2017 年第 4 期。

精准扶贫不仅要求对扶贫目标人群进行识别，还要求对扶贫开发条件和项目进行识别。首先，精准识别是对扶贫对象的识别，通过制定标准、程序、要求，准确识别扶贫对象，并按照贫困户的贫困程度、脱贫意愿等对扶贫对象进行细致分类。其次，精准识别是对贫困地区扶贫开发条件的识别，在贫困地区实施扶贫开发要对包括资源条件、基础设施、相关产业、政策条件、政府管理体制等在内的扶贫开发条件进行识别，以确定该地区能否通过扶贫开发从而达到贫困人口脱贫致富的目的。最后，精准识别还要对扶贫开发项目进行识别，贫困地区能否充分利用扶贫开发项目，实现脱贫致富的目标。

综上所述，精准识别就是通过科学有效的程序把贫困村、贫困人口识别出来，并逐村逐户建档立卡，做到明确扶贫对象、查明致贫原因、找准脱贫路子。精准识别包括三个方面的内容，一是识别的方法要精准。精准识别强调程序科学合理，必须制定科学有效的识别程序，做到被识别对象准确、无争议。二是识别的内容要精准。精准识别强调目标明确，找出需要帮扶的贫困户和贫困人口，并且查明此类人群贫困的主要原因，为其把脉诊断，规划脱贫致富道路。三是识别的过程要精准。精准识别的过程是一个从抽象到具体、从宏观到微观、从模糊到清晰的过程，识别的过程必须公平、公正、公开，确保其符合相关的规定，识别出最需要帮助、最贫困的人。

二、精准识别的政策安排

为了改善扶贫效果和提高扶贫效益，我国从 1986 年实施开发式扶贫以来，扶贫瞄准机制一直在调整与变化，形成了从县域瞄准到村级瞄准，再到以户为基础的精准扶贫机制。

2013 年 11 月 3—5 日，习近平总书记在湖南湘西土家族苗族自治州考察时，首次做出"实事求是、因地制宜、分类指导、精准扶贫"的重要指示，提出反对"一刀切"，要根据具体情况，灵活开展扶贫的工作思路，正式提出了"精准扶贫"的方略。在随后的中央经济工作会议上，习近平总书记强调扶贫工作要科学规划、因地制宜、抓住重点，不断提高精准性、有效性、持续性，切忌空喊口号，不要提好高骛远的目标。

2014 年，中共中央办公厅、国务院办公厅印发了《关于创新机制扎实推进农村扶贫开发工作的意见》（以下简称《意见》），明确提出建立精准扶贫工作机制，国家制定统一的扶贫对象识别办法。《意见》要求各省（区、市）在已有工作基础上，坚持扶贫开发和农村最低生活保障制度有效衔接，按照县为单位、规模控制、分级负责、精准识别、动态管理的原则，对每个贫困村、贫困户建档立卡，建设全国扶贫信息网络系统。专项扶贫措施要与贫困识别结果相衔接，深入分析致贫原因，逐村逐户制定帮扶措施，集中力量予以扶持，切实做到扶真贫、真扶贫，确保在规定时间内达到稳定脱贫目标。《意见》的发布，表明精准扶贫作为一项国家政策正式出台，精准扶贫包括精准识别、精准帮扶、精准管理和精准考核四个方面。新时代的扶贫工作贵在精准、重在精准，强调扶贫对象的精确瞄准。因此，精准识别是精准扶贫的基础与前提，精准识别的重点以及着力点在于识别贫困户。

2014 年 5 月 12 日，国务院扶贫开发领导小组、民政部、人力资源和社会保障部、国家统计局、共青团中央、中国残联等部门联合下发了《关于印发〈建立精准扶贫工作机制实施方案〉的通知》，制定了《建立精准扶贫工作机制实施方案》，通过对贫困户和贫困村精准识别、精准帮扶、精准管理和精准考核，引导各类扶贫资源优化配置，实现扶贫到村到户，逐步构建精准扶贫工作长效机制，为科学扶贫奠定坚实基础。

2014年4月，国务院扶贫办制定《扶贫开发建档立卡工作方案》（以下简称《方案》），明确贫困户、贫困村识别标准、方法和程序，国务院扶贫办负责建档立卡和信息化建设的总体方案设计、系统开发、省级相关人员培训、督促检查、考核评估等工作。各省（区、市）根据国家统计局确定的分省（区、市）和分片区贫困人口规模，按照《方案》中确定的贫困人口、贫困村规模分解和控制办法，负责将贫困人口、贫困村规模逐级向下分解到村到户，负责市县两级相关人员培训、专项督查等工作。县负责贫困户、贫困村确定，组织乡（镇）村两级做好建档立卡工作。《方案》要求在2014年10月底前完成建档立卡工作，相关数据录入电脑，联网运行，实现动态管理，每年更新。政府对精准扶贫工作模式的顶层设计、总体布局和工作机制等都做了详尽安排。

2015年1月，习近平总书记在云南考察工作时指出，扶贫开发是我们第一个百年奋斗目标的重点工作，是最艰巨的任务。扶贫开发要增强紧迫感，真抓实干，不能光喊口号，绝不能让困难地区和困难群众掉队。要以更加明确的目标、更加有力的举措、更加有效的行动，深入实施精准扶贫、精准脱贫，项目安排和资金使用都要提高精准度，扶到点上、根上，让贫困群众真正得到实惠。

2015年6月，习近平总书记在贵州召开的部分省区市党委主要负责同志座谈会上强调，要科学谋划"十三五"时期扶贫开发工作，确保贫困人口在2020年如期脱贫，并提出扶贫开发"贵在精准，重在精准，成败之举在于精准"。在这次座谈会上，习近平总书记就如何做到精准扶贫作出部署：各地都要在扶持对象精准、项目安排精准、资金使用精准、措施到户精准、因村派人（第一书记）精准、脱贫成效精准上想办法、出实招、见真效。要坚持因人因地施策，因贫困原因施策，因贫困类型施策，区别不同情况，做到对症下药、精准滴灌、靶向治疗，不搞大水漫灌、走马观花、大而化之。要因地制宜研究实施"四个一批"的扶贫攻坚行动计划，即通过扶持生产和就业发展一批，通过移民搬迁安置一批，通过低保政策兜底一批，通过医疗救助扶持一批，实现贫困人口精准脱贫。①

2015 年 11 月 27 日，习近平总书记在中央扶贫开发工作会议上发表重要讲话，指出要解决好"扶持谁"的问题，确保把真正的贫困人口弄清楚，把贫困人口、贫困程度、致贫原因等搞清楚，以便做到因户施策、因人施策。

三、贵州精准识别的实践

2015 年 5 月，中共贵州省委办公厅、贵州省人民政府办公厅印发了《贵州省领导干部遍访贫困村贫困户试行办法》，要求省、市、县三级领导干部整体联动，确保实现遍访全省贫困村，精准掌握全省贫困状况。各级领导干部通过进村入户开展访谈和问卷调查，全面摸清搞准扶贫对象基本情况，细化完善贫困村贫困户建档立卡资料，充实扶贫开发数据库，深入分析致贫原因、贫困程度、脱贫难易等情况，准确掌握贫困村贫困户的困难问题和实际需要。

---

① 本书编写组：《抓党建促脱贫——基层党组织怎么办》，人民出版社 2017 年版。

2015 年 12 月，中共贵州省委、贵州省人民政府出台了《关于落实大扶贫战略行动坚决打赢脱贫攻坚战的意见》，要求准确核清贫困人口底数。要以现有建档立卡贫困人口信息为基础，对全省所有农村贫困人口再次进行拉网式全面认真清查核算，逐户逐人彻底核清贫困人口的基本情况、贫困原因，确保扶持对象精准。

2016 年 6 月 20 日，中共贵州省委办公厅、贵州省人民政府办公厅印发了《贵州省扶贫对象精准识别和脱贫退出程序管理暂行办法》，指出扶贫对象精准识别和脱贫退出程序要坚持客观公正、程序规范、民主评议、严格评估、动态管理、质量可靠、群众认可、社会认同的原则。

其中，贫困户精准识别的主要方法是采用国家统计口径农村居民人均可支配收入调查指标体系和调查方法，入户调查得出贫困户年度总收入、年人均可支配收入情况，按照"两不愁三保障"要求，结合精准扶贫"四看法"指标体系和调查方法对贫困户进行综合评估。

贫困户的识别标准是农户年度人均可支配收入在国家当年扶贫标准线以下，同时按照精准扶贫"四看法"综合评估分值在 60 分以下（不含 60 分）的，通过识别程序审批后确定为贫困户。

贫困户精准识别的主要程序如下：（1）农户申请。农户根据当年贫困户识别标准，向所在村民委员会提出申请。（2）村级初审并入户调查。根据农户申请，由村"两委"、驻村工作队（组）主要负责人、驻村干部和村民代表共同初审确定贫困户名单，并组成 5—7 人的入户调查组开展入户调查（每组必须有 1—2 名村民代表），对每个贫困户进行人均可支配收入调查和精准扶贫"四看法"综合评估。（3）村民代表大会评议并公示（纠错）。由村民委员会召开村民代表大会对每个贫困户及入户调查情况进行评议，对评议通过拟上报的贫困户名单及入户调查结果进行第一次公示（纠错）。公示无异议后，由贫困户所在村村委会主任、村党支部书记签字确认后报乡镇人民政府核查。（4）乡镇核查并公示（纠错）。乡镇人民政府组织扶贫工作站等单位对村"两委"上报的贫困户名单进行全面核查。核查后进行第二次公示（纠错），公示无异议后，由乡镇党委和人民政府确认后报县级扶贫开发领导小组审核批复。（5）县级审核并公告（纠错）后批复。县级扶贫开发领导小组对乡镇党委和人民政府上报的贫困户名单进行全面审核。审核后进行公告（纠错），公告无异议后，由县级扶贫开发领导小组办公室批复同意。（6）签字确认。根据县级扶贫开发领导小组办公室批复，由贫困户所在乡镇党委和人民政府主要负责人、乡镇扶贫工作站主要负责人、村党支部书记及村委会主任或第一书记、驻村工作队（组）主要负责人签字确认，贫困户户主认可。（7）录入系统。经各级签字确认的贫困户及其帮扶措施由第一书记和驻村工作队（组）主要负责人负责录入"贵州省扶贫云建档立卡系统"（乡镇扶贫工作站进行审核），生成以户为单位且具有二维码唯一标识的贫困户基本信息。

在贫困治理领域中，贫困识别作为政策瞄准的手段，一直以来被研究者和实务工作者高度重视。大致而言，目前主要有两种贫困识别方法，其一是源自英美福利体系的家计调查，其二是近年来为国际发展机构和发展干预学者所倡导的参与式财富排序。[①]新时期，中国政府的贫困识别方法是综合借鉴了两种通行的识别模式，并且鼓励各个

---

① 吕方、程枫、梅琳：《县域贫困治理的"精准度"困境及其反思》，《河海大学学报（哲学社会科学版）》2017 年第 2 期。

地方政府结合当地的贫困实际情况形成契合当地的贫困识别指标体系。然而，由于贫困现象与致贫原因具有时间变异性和地域差异性的特点，再加之扶贫主体和扶贫对象之间存在严重的信息不对称、对精准扶贫政策的认识和价值取向差别较大等因素，地方政府在对贫困人口进行识别的过程中难以做到精准识别，既有贫困人口识别机制在精准扶贫工作开展中问题重重。[①]威宁彝族回族苗族自治县（以下简称"威宁县"）作为贵州省脱贫攻坚难啃的"硬骨头"，在最近几年探索出了精准扶贫"四看法"，解决了"扶持谁""怎样扶"等问题，打好了精准扶贫的基础，创造了精准扶贫的经验，走出了一条精准扶贫的路子。

威宁县地处贵州西部，是贵州省面积最大、海拔最高的民族自治县。全县总面积 6298 平方千米，平均海拔 2200 米，辖 39 个乡镇（街道）625 个村（其中社区 205 个）3843 个村民小组，居住着彝族、回族、苗族等 19 个民族，2016 年末总人口 151.3 万，其中少数民族人口35.4 万，占总人口的 23.4%。[②] 1986 年被国务院首批认定为全国的贫困县之一，1994 年被确定为国家"八七"扶贫攻坚县之一，2001 年再次被确定为全国 592 个新阶段扶贫开发工作重点县之一，2009 年被确定为全国喀斯特地区扶贫开发综合治理试点县。

在深入摸底调查、长期实践探索的基础上，威宁县总结出了"一看房、二看粮、三看劳动力强不强、四看家中有没有读书郎"的精准识别贫困户"四看法"，形成了通俗易懂、易于操作、可复制、可推广的精准识别体系，并根据工作要求，建立"四看法"体系，提高贫困

---

① 周海燕：《国内外精准扶贫研究：现状、特点与趋势》，《山东农业大学学报（社会科学版）》2018 年第 3 期。

② 威宁彝族回族苗族自治县人民政府网：《威宁简介》，http://www.gzweining.gov.cn/sy/。

户识别精准度。

（1）建立看房识别体系。通过看贫困对象的住房条件及其生活环境估算其贫困程度。根据国家、省制定的贫困标准，在入户调查过程中，通过看贫困对象的住房面积、房屋结构、建房时间，通过看其人均住房条件、衣饰穿着及所处的生活环境，通过看其出行条件、饮水条件、用电条件、生产条件，既从纵向上观察贫困原因，又从横向上分析发展潜力，估算贫困对象的贫困程度。

威宁县迤那镇的农户居住比较分散，且大多数都远离镇上，自然环境较差，交通不便，水资源和其他资源的缺乏也在一定程度上制约了经济的发展。为此，迤那镇将危房改造、生态移民与到村到户相结合，采取"农户（村）自测—农户（村）申请—入户（村）调查—村级评议—回访统计—审核确认"的方式确定危房改造和生态移民户，并张榜公示，保证扶贫对象识别的公开、公平和公正。此外，还出台了《关于扶持生产和就业推进精准扶贫的实施意见》等扶贫工作政策，对易地扶贫搬迁住房建设实行差别化补助和奖励政策。建立了贫困户危房改造台账，对贫困户建房时间、房屋结构、房屋面积等情况进行调查回访，在评议小组1人评议1户的基础上，确定危房改造户，先后有3428户贫困户的危房得到改造，惠及群众13712人。对居住在深山区、生态环境脆弱区，生产生活条件极差的贫困农户进行登记造册，认真做好移民搬迁户思想工作，充分考虑移民生存发展的要求和愿望，把小城镇建设成宜居、宜业、宜商的移民新村，先后有424户生态移民户搬迁至迤那小城镇，惠及群众1863人。① 同时，以"四在农家·美

---

① 李裴、罗凌：《精准扶贫"四看"法》，《农村工作通讯》2015年第18期。

丽乡村"创建活动为抓手，着力基础设施到村到户，强力推进"小康路、小康水、小康房、小康电、小康信和小康寨"建设，不断改善贫困群众的生产生活条件。

（2）建立看粮识别体系。通过看贫困对象现实的耕地拥有及收成情况和生产生活条件估算贫困程度。通过看贫困对象人均经营耕地面积、种植结构、人均占有粮食、人均家庭养殖收益等方面来看农户的土地情况和生产条件，按各种经济作物的收入和市场价格计算贫困对象的年收入情况，从而估算其贫困程度。

威宁县迤那镇有13%的农户本来家庭经济状况就差，如果遇到旱灾、水灾，种植业减产减收，养殖业遇瘟疫，或因家庭成员突然生病、伤残、死亡或其他自然灾害等情况，就会造成贫困或返贫；有25%的贫困户由于财力不足，生产资金的投入相对较小，甚至没有投入，尽管调整结构后当地农户种植中药材或进行生态养殖等，但因劳动知识与技能的缺乏，脱贫难度还是很大。针对这些原因，迤那镇根据当地的实际情况，确定产业扶贫到村到户精准扶贫措施。根据迤那镇的自然气候和生态环境，按照"宜烟则烟、宜药则药、宜果则果、宜薯则薯、宜畜则畜"的原则，从生态种植养殖业入手，着力发展现代山地高效农业。此外，威宁县以龙头企业为引领，农民专业合作社和家庭农场（种植养殖大户）等新型经营主体参与，依托规模化经营，以利益链接为纽带，打造一体化农业经营组织联盟，坚持"市场主导、公司运作、政府引导、金融支持、科技支撑"的原则，采用"1+N"模式"公司+合作社+基地+农户"联结机制，建立分红返利机制，按照"三变"模式以村集体为单位组建合作社，农户以土地、经营性资产或资金入股，成为合作社股东。由合作社组建或参股加工企业、生产性服务公司、休闲旅游农庄等，参与产业链下游经营活动，分享产业链延伸带来的收益。按照产业扶持到户、基础设施到户、资金落实到户的方式，着重抓住以下四个方面：一是注重整合扶贫资金聚焦贫困村、贫困户。整合专项扶贫、行业扶贫、社会扶贫等资金和资源，切实发挥扶贫项目、资金的整合效应。二是注重改变资金分配方式。根据乡镇（街道）贫困对象数量及贫困程度，对贫困村实施"一村一品"产业培育工程，采取先建后补、以奖代补等方式支持特色产业发展。三是注重明确资金支持重点。扶贫资金主要用于特色种植、生态养殖、基础设施建设以及提升贫困群众素质等方面。四是注重坚持资金打卡到户。为了让扶贫对象明明白白知道自己得到了什么扶持、得到了多少扶持，把贫困户种植业、养殖业的补助资金等各级帮扶资金打卡到户，做到扶贫对象"手上有卡，卡中有钱，钱里有项目"，确保扶贫资金真正落到贫困户手中。

（3）建立看劳动力强不强识别体系。通过看贫困户劳动力占家庭人口比例、健康状况、劳动力素质、人均务工收入及劳动力生产技能掌握等方面来看贫困户的劳动力状况、劳动技能掌握状况和有无病残人口，估算其务工收入和医疗支出情况，估算贫困户的年收入。

威宁县迤那镇有5%的家庭有残疾人或丧失劳动能力的老年人，不仅不能增加家庭收入，反而会增加家庭支出，导致家庭长期陷入贫困，难以脱贫。有3%的家庭有长期生病或患重病者，难以通过劳动获得收入，家庭难以支付较高的医疗费用。还有少数家庭因成员年老或残疾致贫。[1] 为此，迤那镇积极实施教育培训到村到户，大力实施新型农民

---

① 李裴、罗凌：《精准扶贫"四看"法》，《农村工作通讯》2015年第18期。

培养工程，加强农民适用技术技能培训，着力培养贫困地区农村特色产业示范带头人、科技种植养殖能手、农民经纪人，抓好农村劳动力就业技能培训、岗位技能提升培训和创业培训，切实做到"培训一人、转移一人，就业一人、脱贫一户"。威宁县选聘一批技术人才，组成农民讲师团，到各村组开展巡讲，定期提供技术指导，全面提高农民科技致富的能力。依托"9+3"计划教育机制，加强青年一代教育扶贫工作。鼓励本地初中毕业生就读职业学校，培养一批有知识、懂科技的新型农民，从根本上推动经济发展。以核心农户为主，举办多种形式的技术培训。充分利用现代化教育手段，创新培训模式，优化培训内容，以农业经济发展较强项目，如中药材播种技术培训、畜牧生态养殖培训等为主，重点做好新型农民生产技术的核心培训工作。

（4）建立看家中有没有读书郎识别体系。通过看贫困对象的可持续发展能力和掌握科技知识情况估算贫困程度。通过看教育负债（家中是否有小学生、初中生、高中生、大专生、本科生、研究生）和子女掌握科技知识的教育回报等情况，计算贫困户的发展潜力和教育支出。

威宁县迤那镇有11%的贫困人口因贫失学，又因失学而成为新一代贫困人口，有8%的贫困家庭因供养子女读书而致贫。总之，由于劳动力文化素质低，加上缺资金、缺技术、缺项目，导致发展动力不足，不少贫困家庭满足于种植传统的玉米、马铃薯，缺乏进取心。[1]为此，迤那镇着力强化组织保障夯实发展基础，制定了科学的扶贫措施。一是按照"户有卡、村有账、镇有簿"的工作要求，对贫困村、贫困户

---

① 李裴、罗凌：《精准扶贫"四看"法》，《农村工作通讯》2015年第18期。

登记造册，建立迤那镇精准扶贫结对帮扶明白卡和贫困村、贫困户帮扶台账，做到一户一策一干部，使每一个贫困村、每一个贫困户的基本情况和帮扶单位、帮扶责任人的帮扶情况都一目了然。二是建立精准扶贫攻坚工作分片联系制、分村负责制、分组包保制、分户帮扶制、分段突破制、分类动态管理制和分层设岗定责制"七制并举"的长效工作机制，将党建扶贫工作与"挂、帮、联、驻"干部帮扶活动有机结合，总体上形成"镇党委+党工委+党支部+党员+农户"的工作运转机制和"党支部+公司+合作社（基地）+农户+市场"的产业发展模式，按照"54321"结对帮扶模式，明确了 118 名党员干部对应 867 户 3894 名贫困群众结对帮扶，有效加快了脱贫步伐。三是通过创新干部培养机制、提高干部素质、推进干部年轻化等队伍建设举措，在村干部培养机制上，把农村知识青年培养成致富带头人，把致富带头人培养成党员，把党员致富带头人培养成后备干部。

威宁县的贫困发生率由 2010 年的 16.14% 下降到 2014 年的 11.28%，农民人均纯收入由 2010 年的 3036 元增加到 2013 年的 6662.84 元，2014 年农民人均纯收入突破 7000 元。2015 年，威宁县通过精准识别"四看法"识别出贫困人口 24.51 万，经民主评议公示后，无一人反对，贫困人口识别准确率从 80% 提高到 100%，提高了 20 个百分点。[1]"四看识真贫"的实施，激发了干部群众脱贫致富的内生动力，形成了同心攻坚的有效保障，迤那镇精准扶贫"四看法"得到贵州省委、省政府的肯定，并在全省推广，闯出了一条喀斯特地貌地区精准扶贫的新路子，探索出了扶贫开发的"迤那经验"。

---

[1] 李裴：《威宁自治县迤那镇"四看精准扶贫法"调研与思考》，《贵州日报》2015 年 10 月 22 日。

四、贵州创新精准识别的经验

精准识别是精准帮扶的基础。2014 年 4 月 2 日，国务院扶贫办下发了《扶贫开发建档立卡工作方案》，要求 2014 年底前，在全国范围内建立贫困户、贫困村、贫困县和连片特困地区信息电子档案。根据贫困识别政策及操作规程，县级部门和乡镇是精准识别的实施主体。在国家、省级扶贫部门的安排和部署下，各市县强化组织领导，各乡（镇）以村为单位对贫困农户情况彻底摸排，按照贫困户"三审两公示一公告"、贫困村"一公示一公告"程序识别扶贫对象，开展贫困村、贫困户建档立卡工作。[①] 随着市场经济的发展，农村贫困家庭的社会流动性变强，大部分农户也没有记录日常收支的习惯，以人均纯收入为标准的贫困识别标准，很难对农户的收入进行精确的统计与评估，可能将真正贫困的人口排斥于识别的范围之外，导致贫困人口识别上的失误和偏差，不能实现精准识别。

"四看法"建立了多维贫困识别标准，实现精准扶贫全覆盖，真正做到了贫困户和贫困人口识别上的精准性。在无法精确统计农村人口人均收入作为贫困户识别标准的当下，"四看法"通过提供一套从多维角度间接评估农户收入的指标体系，为贫困户及贫困人口的识别提供了客观标准，这种标准因其契合了当前农村和农户的客观情况，在具体运用中取得了良好的效果。2014 年，威宁县运用"四看法"在全县

---

① 黄承伟、叶韬、赖力:《扶贫模式创新——精准扶贫：理论研究与贵州实践》,《贵州社会科学》2016 年第 10 期。

筛选识别贫困对象 30.53 万人，没有一户受到村民质疑。[①]

在威宁精准识别"四看法"的基础上，毕节市探索创新出的"3363"扶贫机制可视为精准扶贫"四看法"的深度拓展，"三步精准"破解"扶持谁"的问题，"三力聚合"破解"谁来扶"的问题，"六项行动"破解"怎么扶"的问题，"三定把关"破解"如何退"的问题。其中，"三步精准"指的是精准识别、精准程序、精准建档。通过精准识别"四看法"，毕节市全面采集《贫困户识别"四看法"指标体系评分表》《贫困户调查登记表》《农村家庭人均可支配收入核查表》，人、房、地图三张照片和产业发展情况视频信息，建立"扶贫云"大数据管理平台，保障扶贫信息共享，实现扶贫对象动态调整、扶贫资源精准配置。同时，建立贫困户档案资料市、县、乡、村四级管理制度，做到"一户一档"。在公平、公正、公开原则的基础上，建立邻里互议、村民小组代表初议、村民委员会评议和进行村级"评议公示"，在乡镇、村同步进行"对象公示"，在县级政府网站进行"审定公示"的"三议三公开"机制。2014 年通过精准识贫"四看法"识别贫困人口165.9 万。2016 年，开展精准识别"回头看"，将贫困人口动态调整为115.45 万。[②]

"四看法"因具有直观、易操作等特点，解决了农户单纯收入测算难问题，在全省进行了推广。2016 年 6 月 20 日，中共贵州省委办公厅、贵州省人民政府办公厅印发了《贵州省扶贫对象精准识别和脱

---

① 邓博文：《贵州民族地区精准扶贫工作机制探讨——以威宁县迤那镇精准扶贫实践探索为视角》，《贵州民族研究》2016 年第 7 期。
② 张啸晟：《毕节市创新"3363"机制破解精准扶贫"四问"》，http://www.gog.cn/zonghe/system/2016/12/29/015313147.shtml，2016 年 12 月 30 日。

贫退出程序管理暂行办法》，明确要求贫困户精准识别的主要方法除了采用国家统计口径农村居民人均可支配收入调查指标体系和调查方法，入户调查得出贫困户年度总收入、年人均可支配收入情况，按照"两不愁三保障"要求，更要结合精准扶贫"四看法"指标体系和调查方法对贫困户进行综合评估。"四看法"作为精准识别的主要方法在政策文件中被正式确定下来。

1. 精准识别程序公正、公平、公开

一是政策宣传广。深入调研，创新形式，明确责任，让精准扶贫政策走进千家万户，对扶贫政策进行详细宣讲，做到每村有单位、每户有干部，确保宣传不漏村、不漏户。二是程序控制严。威宁县通过编制《精准扶贫对象识别操作手册》，统一规格、统一标准、统一模式，按识别程序村民自愿申请，召开村组民主评议会，村级一榜、乡镇二榜、县级三榜的自下而上的三级公示识别程序。三是信息分类细。贫困对象按照"规模控制、分类扶持"的要求进行确定。在摸清底数的基础上，建立农村扶贫信息，对贫困人口实行动态管理，使稳定脱贫的村与户及时退出，使应该扶持的扶贫对象及时纳入。四是识别结果真。为了求真、求准、识真贫，采取责任倒查机制，要求层层落实责任，严督实查，同时对精准识别工作开展专项督察，确保"看真贫，识真贫，扶真贫"。

2. 精准识别工作规范化、常态化、精细化

一是瞄准贫困对象和贫困成因，责任到人。威宁县理顺扶贫工作机制，通过"四看法"精准识别贫困，根据贫困村集体经济发展情况，贫困户生产、生活情况，找出致贫原因，将帮扶任务具体分配落实到省、市、县、乡（镇）和科研院所、学校，"七制并举"，进行定点、定人、定责帮扶。二是靶心疗法,建立精准扶贫长效机制。威宁县建立了精准扶贫攻坚工作"七制并举"的长效工作机制,将精准扶贫工作与"百名干部下基层、扎扎实实帮群众"进行有机结合,形成了"镇党委＋党工委＋党支部＋党员＋农户"的工作运转机制和"党组织＋公司＋基地＋农户＋市场"的产业发展模式,通过机制保障精准扶贫工作深入开展。三是整合资源,形成精准扶贫新格局。威宁县整合省、市、县、乡(镇)和科研院所、学校资源挂钩帮扶,确保每一个贫困村都有驻村工作组,每个贫困户都有帮扶责任人,入村到户、不留死角,形成工作到村、帮扶到户、责任到人、措施到位的精准扶贫新格局。正是通过这种集中资源挂钩扶贫、脱贫脱钩的做法,最大化地发挥了省、市、县、乡(镇)和科研院所、学校等不同类型帮扶单位的自身优势,通过帮助建设基础设施、发展经济项目、开展技术培训等,改善贫困村、贫困户生产生活条件,增加了收入,加快了脱贫致富步伐。

3. 精准识别技术数据化、动态化、精准化

一是利用先进的大数据分析、互联网及移动互联技术,创新扶贫工作理念,变粗放式扶贫为"个性化定制"精准扶贫,有效利用"精准数据"助力"精准脱贫"。"精准扶贫"大数据平台将互联网、移动互联网、大数据、二维码等众多技术有机结合,从全县统筹管理的角度,构建了一个综合性的"精准扶贫"大数据应用平台。对精准扶贫过程中涉及的贫困户、贫困乡镇(街道)、帮扶干部、帮扶走访记录、扶贫项目资金、易地搬迁户、搬迁安置点、活动档案以及相关资源进行集中式管理。二是结合"精准扶贫"工作实际流程,创新精准扶贫工作模式,对扶贫对象实施精准识别、精准帮扶、精准管理,达到扶

贫数据统一标准、统一归档、统一管理，对象识别精准、项目安排精准、资金使用精准、措施到户精准、因村派人精准、脱贫成效精准，真正实现识别精准、退出精准。三是"一户一档"，实现精准施策。通过"一户一档""精准"数据上传，实现对易地扶贫搬迁户数据多口径、多角度查询，实现致贫原因与帮扶信息自动化匹配及信息精准推送，实现多权限、多角色分级管理，并保障数据信息的安全性，实现搬迁户档案电子化归档和数据化统计分析，实施精准施策。[①]

精准识别是精准扶贫的首要工作，因为贫困是一个难以界定的概念，正如阿马蒂亚·森所指出的："大量证据表明，贫困的度量并不是一个伦理问题，而是一个描述性问题……当我们在许可的常规做法与最低生活标准的可能解释之间做出选择时，随意性是难以避免的，这需要我们正确认识和认真对待。"[②] 贫困户的精准框定是精准扶贫的前提，精准识别是精准扶贫的基础。

"四看法"通过建立多维贫困识别标准和相应的指标体系，为精准筛选贫困对象提供了一套简便易行、操作性强的工作规程，与长期以来以农户人均纯收入为唯一识别标准的工作机制形成了鲜明的对照，避免了因标准的单一和统计数据的缺失或不精确所带来的贫困对象识别偏差问题，实现了精准扶贫的全覆盖。并且，这一工作机制创新被实践证明更贴近农村实际，更能获得百姓的支持和拥护，更能取得精准扶贫的实效。通过精准识别"四看法"的经验，我们可以获得如下启示：

① 毛庆松：《威宁运用"大数据"助力"精准脱贫"》，http://www.gzweining.gov.cn/xwzx/zwyw/201801/t20180129_2979641.html，2017年5月25日。
② ［印］阿马蒂亚·森：《贫困与饥荒》，王宇、王文玉译，商务印书馆2009年版。

1. 精准识别是精准扶贫工作开展的前提

精准扶贫包括精准识别、精准帮扶、精准管理和精准考核，精准扶贫的"第一战役"就是要精准识别贫困人口，了解哪一村贫困，哪一户贫困，摸清底数，建档立卡。扶贫开发以来，我国的贫困人口数量是根据统计的抽样数据算出来的，到底谁是贫困人口、分布在哪里、致贫原因何在、怎样才算脱贫，很多方面不太清晰。威宁县从摸清底数入手，做到识别贫困对象精准、致贫原因分析精准、扶贫措施制定精准、项目资金投入精准、组织保障跟进精准，完善贫困识别机制，变"大水漫灌"式扶贫为"滴灌"式扶贫，较好地解决了底数不清、指向不明、针对性不强的问题，从而增强了扶贫工作的针对性。通过对扶贫对象的精准识别，能够提高精准扶贫工作的有效性和针对性，为精准扶贫工作提供指引和方向。

2. 精准识别是精准扶贫目标实现的基础

党的十八届五中全会从实现全面建成小康社会奋斗目标出发，明确到 2020 年我国现行标准下农村贫困人口实现脱贫，贫困县全部摘帽，解决区域性整体贫困。从严格意义上来讲，精准扶贫工作的核心目标在于"扶真贫"和"真扶贫"。为此，要实现"扶真贫"和"真扶贫"，首先要明确扶贫对象，精准识别可以精确锁定帮扶对象及帮扶内容。威宁县通过精准识别，全面准确掌握贫困村贫困户基本情况，深入分析研究，因地制宜、因村施策，按需配置人员、资金、项目等资源，实行差别化扶持、精准化帮扶，较好地解决了到底谁穷、到底为什么穷的问题，找出了"哪些人需要帮扶""需要什么扶贫项目"等，从而确保了扶贫项目不产生偏离，为精准扶贫目标的实现打下了坚实的基础。

3. 精准识别是精准扶贫效率提高的关键

对扶贫对象进行有效甄别至关重要，如果扶贫目标对象瞄不准，没有识别出真正需要扶持帮助的贫困户，则造成扶贫开发工作整体性失效，难以实现其目标。威宁县的精准识别"四看法"，为贫困户及贫困人口的识别提供了客观标准，杜绝了"人情扶贫""关系扶贫""拍脑袋定项目"等情况的出现，不漏一户、不落一人，将贫困户纳入建档立卡信息系统之中。扶贫工作中的各级领导干部在帮扶工作中用真心、真情进村入户开展结对帮扶，激发了群众的内生动力，同时，也激励了扶贫工作人员的工作积极性，发挥了扶贫干部的主观能动性，充分调动起人民群众的力量和智慧，从而抓住工作的落实，较好地避免了有政策难以执行、有方案不能推动、有督查组不能开展工作的窘境，提高了精准扶贫工作的效率。

附表：贵州省精准识别贫困评分标准[①]

1."一看房"评分标准（总分 20 分）

评价内容及分值	评分标准	标准值	具体得分
住房条件 （5 分）	有安全住房	5 分	
	二、三级危房	3 分	
	一级危房（或无房）	0 分	
人均住房面积 （5 分）	30 平方米以上	5 分	
	10—30 平方米	4 分	
	10 平方米以下	2 分	

---

① 张琦：《贵州省威宁县"四看法"精准识别贫困评分标准》，http://cn.chinagate.cn/reports/2015-11/19/content_37107809.htm，2015 年 11 月 19 日。

续表

出行条件 （4分）	通硬化路	4分	
	通路未硬化	2分	
	未通路	0分	
饮水条件 （2分）	有安全饮用的自来水	2分	
	有供饮用的小水窖或 集中取水点	1分	
	没有解决饮水问题， 吃水没有保障	0分	
用电条件 （2分）	"同网同价"，有一些 家用电器	2分	
	没有"同网同价"， 但用电有保障	1分	
	用电没有保障	0分	
生产条件 （2分）	有农机具	2分	
	无农机具	0分	
		得分总数	

2."二看粮"评分标准（总分30分）

评价内容及分值	评分标准	标准值	具体得分
人均经营耕地面积 （8分）	2亩以上	8分	
	1—2亩	6分	
	1亩以下	4分	
	没有耕地	0分	

种植结构（8分）（注：经果林或经济作物其中一项最高可得8分，但两项之和不能超过8分）	人均经果林面积	1亩以上	8分	
		0.5—1亩	6分	
		0.5亩以下	4分	
		没有经果林	0分	
	人均经济作物收益	500元以上	8分	
		300—500元	6分	
		200—300元	4分	
		200元以下	2分	
	没有经果林和经济作物，但流转土地给他人（每增加1亩分值相应增加2分，最高不得超过种植结构的总分8分）		2分	
人均占有粮食（6分）	330斤以上		6分	
	210—330斤		4分	
	210斤以下		2分	
人均家庭养殖收益（8分）	1000元以上		8分	
	500—1000元		6分	
	200—500元		4分	
	200元以下		2分	
			得分总数	

3."三看劳动力强不强"评分标准（总分30分）

评价内容及分值	评分标准		标准值	具体得分
劳动力占家庭人口比（8分）	50%以上		8分	
	20%—50%		6分	
	20%以下		3分	
	没有劳动力		0分	
家庭成员健康状况（8分）	健康		8分	
	主要劳动力健康，其他成员有不同程度疾病		6分	
	主要劳动力患有疾病，部分丧失劳动力		4分	
	家庭成员残障或常年多病		2分	
劳动力素质（8分）（注：两项指标如同时出现几种因素，以最高分计算）	文化程度（4分）	初中以上	4分	
		小学	2分	
		文盲	0分	
	培训（4分）	掌握1门以上实用技术	4分	
		参加过培训但未完全掌握实用技术	2分	
		既未参加过培训又不掌握实用技术	0分	
人均务工收入（6分）	1000元以上		6分	
	500—1000元		4分	
	500元以下		2分	
	没有务工收入		0分	
			得分总数	

4."四看家中有没有读书郎"评分标准（总分 20 分）

评价内容及分值	评分标准	标准值	具体得分
教育负债 （12 分）	没有负债	12 分	
	5000 元以下	8 分	
	5000—10000 元	4 分	
	10000 元以上	0 分	
教育回报（8 分） （注：如同时出现几种因素，以最高分计算）	有大专（或高职）以上在校生	8 分	
	有高中（或职中）在校生	4 分	
	有初中以下在校生	2 分	
	没有在校生	0 分	
		得分总数	

第四章

产业扶贫创新

中国改革开放以来的扶贫开发实践证明，产业扶贫在推动贫困人口脱贫增收、带动贫困村整体发展方面有着明显成效，因此，探索和拓展贫困人口增收体系主要以产业扶贫为主要举措。进入精准扶贫阶段以来，产业扶贫因其有效性、安全性和益贫性，在精准扶贫、精准脱贫方面的效果更加凸显。贵州脱贫攻坚经验的一大创举是初步形成了兼具有效性、安全性和益贫性的新型产业扶贫体系。在精准扶贫过程中，贵州始终贯彻"扶产业就是扶根本"的理念，坚持将产业扶贫作为开发式扶贫工作的首要战略，并在实践中形成了一套新型产业扶贫体系，积累了诸多值得借鉴和推广的地方经验。

一、党的十八大以来产业扶贫的顶层设计

产业扶贫是一种建立在产业发展和扶植基础上的扶贫开发政策方法，相比于一般的产业化发展，产业扶贫更加强调对贫困人群的目标瞄准性和特惠性，更加强调贫困家庭从产业发展中受益。[1]产业扶贫的发展和推进与我国农业的产业化发展密不可分。20 世纪 70 年代末，以家庭联产承包责任制为发端的农村改革开始启动，农村获得前所未有的发展。20 世纪 80 年代中期以来，东部地区和一些大城市的郊区开

---

[1]　殷浩栋：《产业扶贫：从"输血"到"造血"》，《农经（农业产业扶贫专刊）》2016 年第 10 期（增刊）。

始涌现出"产加销一体化""贸工农一体化"的经营方式。这种经营方式是以农村家庭联产承包责任制为基础，以企业为龙头，以市场为导向的一种新型经营方式，这种经营方式被认为是我国农业产业化的开端或雏形。农业产业化被纳入国家层面的发展计划开始于20世纪90年代初期，作为实现农业现代化和促进农业经济发展的战略性举措备受重视。此时，产业化的概念开始引入扶贫开发工作当中，产业扶贫开始兴起并逐渐在扶贫开发中占据越来越重要的位置，并在党的十八大以来的精准扶贫精准脱贫基本方略中成为促进贫困人口增收的重要举措。

2013年12月，中共中央办公厅、国务院办公厅发布《关于创新机制扎实推进农村扶贫开发工作的意见》(又称"25号文")，把扶贫开发的工作机制创新摆到了更加重要、更为突出的位置。25号文将"特色产业增收工作"列入十项重点工作之中，提出要"积极培育贫困地区农民合作组织，提高贫困户在产业发展中的组织程度。鼓励企业从事农业产业化经营，发挥龙头企业带动作用，探索企业与贫困农户建立利益联结机制，促进贫困农户稳步增收"。25号文中分阶段明确了产业扶贫的目标，指出"到2020年，初步构建特色支柱产业体系"。

2015年11月29日，中共中央、国务院发布了《中共中央 国务院关于打赢脱贫战的决定》(以下简称《决定》)，这是指导中国打赢脱贫攻坚战的纲领性文件。《决定》再次强调了产业扶贫在脱贫攻坚战中的重要地位，明确指出了产业发展在实现贫困人口脱贫中的目标和任务。《决定》强调："按照扶持对象精准、项目安排精准、资金使用精准、措施到户精准、因村派人精准、脱贫成效精准的要求，使建档立卡贫困人口中有5000万人左右通过产业扶持、转移就业、易地搬迁、教育支持、医疗救助等措施实现脱贫。"

《决定》基于对产业扶贫重要性的考量、对脱贫攻坚时期产业扶贫的发展规划和具体举措进行了详细规定。《决定》指出，要"发展特色产业脱贫"，要"制定贫困地区特色产业发展规划"，强调要出台专项政策，"统筹使用涉农资金，重点支持贫困村、贫困户因地制宜发展种养业和传统手工业等"。《决定》从六个方面阐述和规定了如何发展特色产业助力脱贫攻坚，包括：

第一，实施贫困村"一村一品"产业推进行动，扶持建设一批贫困人口参与度高的特色农业基地。

第二，加强贫困地区农民合作社和龙头企业培育，发挥其对贫困人口的组织和带动作用，强化其与贫困户的利益联结机制。

第三，支持贫困地区发展农产品加工业，加快一二三产业融合发展，让贫困户更多分享农业全产业链和价值链增值收益。

第四，加大对贫困地区农产品品牌推介营销支持力度。依托贫困地区特有的自然人文资源，深入实施乡村旅游扶贫工程。

第五，科学合理有序开发贫困地区水电、煤炭、油气等资源，调整完善资源开发收益分配政策。探索水电利益共享机制，将从发电中提取的资金优先用于水库移民和库区后续发展。

第六，引导中央企业、民营企业分别设立贫困地区产业投资基金，采取市场化运作方式，主要用于吸引企业到贫困地区从事资源开发、产业园区建设、新型城镇化发展等。

通过六个方面的阐述和规划，《决定》对脱贫攻坚时期的产业扶贫进行了整体谋划。

2016年，《中华人民共和国国民经济和社会发展第十三个五年规划纲要》把产业扶贫放在脱贫攻坚八大重点工程之首，要求到 2020 年，每个贫困县建设一批贫困人口参与度高的特色产业基地，初步形成特色产业体系。2016 年 11 月颁布的《"十三五"脱贫攻坚规划》（以下简称《规划》）做出了一系列具体的、具有可操作性的产业扶贫政策、项目和工作安排。《规划》从农林产业扶贫、旅游扶贫、电商扶贫、资产收益扶贫、科技扶贫五个层面对产业扶贫的路径和具体举措进行了详细阐述和规定，为"十三五"期间产业扶贫提供了发展指引。

2018 年 6 月 15 日，中共中央、国务院颁布《中共中央国务院关于打赢脱贫攻坚战三年行动的指导意见》，其中第三条"强化到村到户到人精准帮扶举措"第一点明确指出要"加大产业扶贫力度"，从特色产业提升工程、发展扶贫产业园、拓展农产品营销渠道、完善利益联结机制、建立产业发展指导员制度、实施电商扶贫以及推动农村农业改革带动产业发展七个方面为产业扶贫指明了方向。

二、贵州产业扶贫的政策安排与实践举措

贵州省贫困面广、贫困程度深，农村贫困人口规模大，长期以来是我国扶贫开发的重点省份。从 2012 年至 2017 年，贵州省解放思想、大胆实践，大力实施"大扶贫战略行动"，全省累计减少贫困人口 670.8 万，贫困发生率从 26.8% 下降到 7.75%。2018 年，贵州减少贫困人口 148 万，贫困发生率下降到 4.3%。减贫人数全国最多、脱贫成效显著，创造了贫困落后省份逆势崛起的奇迹和争创一流的"贵州速度"。在贵州省的精准扶贫实践中，坚持把产业扶贫作为脱贫攻坚的首要任务，把推动产业转型升级作为推动县域经济发展的重要举措，大力培育新型农业经营主体，形成现代化的农业产业化体系，实现"强

区"和"富民"双推进双提升，精准带动更多群众稳定脱贫致富，努力走出一条产业扶贫的新路，也由此创造了诸多产业扶贫的"贵州经验"。

贵州省扶贫开发经验的一大创举在于发展兼具有效性、安全性和益贫性的新型产业扶贫体系。在有效性方面，强调产业扶贫项目的部署和扶持要精准发力。既要立足地方实情，又要结合市场需求，还要兼顾生态效益，同时，通过延长产业链、建设品牌、拓宽市场销路等全面提升产业效能，推动贫困村和贫困户走上能致富、可持续的发展道路。在安全性方面，由于农业的收益周期较长，且在发展过程中易受自然风险、市场风险和技术风险的影响，因此有关风险防范和补偿机制的建设显得尤为重要。通过品牌建设、技术支持和风险分担，将产业的风险尤其是贫困农户面临的风险尽量降到最低。在益贫性方面，由于产业扶贫的特性，在构建利益联结机制的过程中，尤其要凸显产业扶贫的社会道德内涵，凸显产业发展过程中对贫困农户的"益贫性"，同时参与产业扶贫的市场主体需要更多地体现人文关怀与社会责任，政府在构建利益联结机制的过程中担负着至关重要的监督和监管责任。

贵州省在推进产业扶贫过程中，突出整体规划的作用，并在扶贫开发政策"二次顶层设计"的过程中，充分体现新型产业扶贫体系建设的思想。贵州的精准扶贫，精于方法，准于措施。2015 年，贵州省制定实施了"33668"扶贫攻坚行动计划。2016 年，省委、省政府先后出台了《关于坚决打赢扶贫攻坚战确保同步全面小康的决定》等"1+10"配套文件，从扶持生产和就业等十个方面初步构建了精准扶贫政策体系。此外，开创性地制定、实施了《贵州省大扶贫条例》，使脱贫攻坚进入法治化、规范化轨道。2017 年初，贵州省按照中央政策精神，结合省情，由省扶贫办发布《贵州省"十三五"脱贫攻坚专项规划》，继而，省委、省政府颁布实施《关于创新农产品产销对接机制提高产业扶贫精准度和实效性的意见》《关于印发进一步支持返乡下乡人员创新创业 促进农村一二三产业融合发展的实施意见》《关于推进农村一二三产业融合发展的实施意见》《贵州省深度贫困地区脱贫攻坚行动方案》以及一系列关于发展各类特色产业助推脱贫攻坚三年行动方案（2017—2019 年）等。根据省委、省政府要求，省农委先后编制了《贵州省"十三五"现代山地特色高效农业发展规划》以及 12 个农业产业裂变发展规划、69 个县"十三五"特色产业精准扶贫规划和《贵州省山地生态畜牧业发展三年提升实施方案》《贵州省精品水果产业三年提升行动方案》《极贫乡镇农业产业技能培训工作方案》等一系列政策措施。以上政策安排大致呈现了贵州"新型产业扶贫体系"的政策框架。

总体而言，在整体规划设计中，贵州省始终坚持"扶产业就是扶根本"的理念，以农业供给侧结构性改革为主线，大力发展现代山地特色高效农业，着力培育新型农业经营主体，推动农村一二三产业融合发展，同时积极探索产业扶贫的新模式，带动群众精准稳定脱贫致富。

具体而言，贵州"新型产业扶贫体系"包括如下几个层面的内容：

（1）从全省农业经济发展的大视野出发，依据各地资源禀赋，结合市场需求，布局茶、蔬菜、中药材等十大扶贫产业。鼓励各地因地制宜发展特色优势产业，形成立体、多元、复合的产业空间布局。

（2）逐个破解制约产业发展的难题短板。调动社会力量、撬动银行资金，破解产业发展的资金短板；加强劳动力产业技能培训、组织跟进技术服务，破解产业发展的技术短板；推动一二三产业融合、建设完整产业链，破解产业发展的结构短板；强化品牌建设、产销对接、电商扶贫，破解产业发展的销售短板。

（3）突出利益联结机制建设，建设和保障贫困户的致富门路。充分发挥龙头企业、农村经济合作社等新型经营主体的带动作用，通过吸纳就业、资产入股、土地租金等方式将贫困户有效联结到产业链中，强化利益分配规则的"益贫性"。可见，贵州新型产业扶贫政策体系强调产业发展的有效性、安全性和益贫性，并基于这三个层面，提供了"在新时期全面建成小康社会背景下的脱贫攻坚战中，产业扶贫应当如何整体规划"的贵州经验。

三、贵州产业扶贫的经验总结

概括而言，贵州省在探索和促进贫困人口增收体系层面，在促进产业扶贫方面形成了鲜明的工作经验，主要体现在：

（一）立足省情，大力推进现代山地特色高效农业发展

产业扶贫是精准扶贫的重要举措，而产业扶贫的成效很大程度上取决于产业的选择。贫困地区发展产业需要因地制宜，根据地理特点、气候、市场等特点有针对性地发展产业扶贫，精准定位。

贵州的地貌属于高原山地，是中国西南岩溶地区的核心地带，据不完全统计，全省喀斯特地貌出露面积占71%，石漠化区域已达3.59万平方千米，占全省总面积的20.39%，山地、丘陵、喀斯特地貌面积比重大，是全国唯一没有平原支撑的省份，素有"八山一水一分田"之说。贵州传统农业以粒作物、根茎作物为主要产品，广种薄收。这种农业生产形态制约着当地农业经济的发展，是重要的致贫原因。由

于没有平原面积支撑的特殊自然地理条件，贵州省难以套用其他地区的农业现代化模式。走山地特色高效农业的路子成为贵州立足于自身资源禀赋作出的最佳选择。

在"十二五"期间重点推进八大特色优势产业的基础上，贵州省结合全省五大新兴产业发展总体要求，立足区域优势和产品优势，"十三五"期间，把生态畜牧业、蔬菜、茶叶、马铃薯、精品果业、中药材、核桃、油茶、特色杂粮和特色渔业等十大产业作为产业发展的重点，构成现代山地特色高效农业产业体系。同时，依据省内各区域自然资源禀赋和产业基础进行区域规划，形成了立体、多元、复合的产业空间布局。此外，贵州省始终坚持新发展理念的要求，从项目审批环节就掌握好产业项目的经济效益、生态效益和减贫效益并重，牢固树立创新、绿色、开放、协调、共享的发展理念，实现农业可持续发展，走出一条具有贵州山地特色的现代农业发展道路。

贵州省在产业扶贫工作中创造性地提出"三个十"工程，包括"十大扶贫特色优势产业""十大扶贫攻坚示范县""十个扶贫产业园区"。"三个十"工程成为推动产业扶贫工作的重要抓手。

其一，"十大扶贫特色优势产业"是贵州省根据当地自然资源禀赋，结合市场需求，决定重点发展的农业产业。在全省层面整体规划，实现产业功能与产业特色的区域划分。围绕"全国无公害有机农产品大省、全国蔬菜大省、全国最大马铃薯产地、全国地道中药材主产省、全国绿茶产业大省"等目标，贵州省大力打造茶叶、马铃薯、蔬菜、中药材等十大扶贫产业。截至2018年9月，贵州省完成玉米调减替代经济作物种植785万亩，通过产业扶贫带动143.73万贫困人口增收，脱贫攻坚成效显著。全省蔬菜种植面积累计1926万亩（次）、产量 2826 万吨、产值 688 亿元，同比分别增加 22%、11% 和 17%；食用菌种植规模 17 万亩（亿棒）、产量 51 万吨、产值 67 亿元，同比分别增长 193%、117% 和 35%。截至 2018 年 8 月底，全省茶园面积 753 万亩、投产茶园面积 560 万亩、产值 342 亿元；生态家禽出栏 16851 万羽、禽蛋产量 29 万吨、产值 145.86 亿元，同比分别增加 85%、105%、88%；中药材种植面积 434 万亩、产量 9.45 万吨、产值 10.10 亿元。十大产业在全国占据一定优势地位。如茶叶、辣椒和刺梨等种植规模居全国首位，马铃薯种植规模居全国第二位，中药材、荞麦种植规模居全国第三位，蓝莓种植规模和大鲵存池数居全国第四位。在推动产业规模化生产的同时，贵州省从注重产品数量向数量和质量并重转变，通过大力发展无公害、绿色的有机农产品，推进标准化、产业化生产的模式，加快推进农产品质量安全体系建设，狠抓农产品的质量把控。优质的农产品具有潜在的市场竞争优势。贵州的优质农产品成为"黔货品牌"建设的基础，成为"黔货出山、风行天下"的法宝。"十大产业"在全国市场范围内正在逐渐形成一定的影响力、竞争力。

其二，"十大扶贫攻坚示范县"是贵州省突出产业重点、打造产业亮点、发展产业特色的重要举措。贵州按照竞争入围的办法，每年扶持十个扶贫攻坚示范县，对入选贫困县每年安排超过 8000 万元的财政扶贫资金，重点打造 2—3 个产业。同时通过探索项目资金引导产业发展、实行贷款贴息、以奖代补等方式，鼓励各县积极发展与自身实情相符的特色优势产业。示范县建设是调动县一级工作积极性的有力激励措施。各地按照自身特色，扎实推进各县工作，取得了良好效果。

其三，"十个扶贫产业园区"在产业扶贫过程中发挥着重要的示范带动作用。贵州省坚持把农业园区建设作为现代山地特色高效农业发展的主平台、主载体、主战场，统筹谋划产业布局、基础支撑、主体培育、功能配套、要素集聚等各种因素，坚持全境域发展、全产业推进和全要素提升，坚持省市县乡四级协同推进，做大园区总量，形成乡乡建园区、县县有平台的现代农业发展格局。同时，以产业园区为平台，发展产业互动融合，突出农业功能拓展。按照"接二连三"的发展思路，推进园区全产业、多业态、多功能、多模式融合发展。通过与美丽乡村、乡村旅游和生态建设的有机结合，打造了一批主导产业突出、休闲功能配套、适度规模发展、旅游要素差异配置的休闲观光与乡村旅游目的地。此外，农业园区作为农业科技集成创新和示范推广的重要平台和孵化中心，通过强化科技支撑，提高园区农业科技水平，实现农业园区提质增效、提档升级。在实践过程中，扶贫产业园区的带动作用显著，尤其是对于贫困县的示范带动作用。贵州省460多个省级高效农业示范园区已实现优势特色产业和县域全覆盖。园区完成投资1377亿元，综合产值2420亿元，入园企业达5433家，培育农民专业合作社6257家，园区从业农民504万人，产业新增带动贫困人口71.6万。2018年共创建国家级现代农业产业园区3个。

（二）积极培育各类新型经营主体，着力培养新型职业农民

在推进建设新型产业扶贫体系过程中，贵州省重视培育各类新型经营主体，以农民合作社为基础，以农业企业为龙头，以农技为骨干，以农资经营为支撑，着力培养新型职业农民，振兴贵州农业。

其一，大力发展扶贫合作经济组织。贵州省按照"产社融合、村社融合"的要求，大力培育、扶持、发展合作社，不断提高扶贫产业发展的组织化程度。原则上，每个贫困村、每个扶贫产业都要建立合作社，有条件的组建联合社。积极引导支持农技人员、企业和农村能

人兴办农民合作社,积极开展农民合作社创新试点,重点培育发展一批运作规范、合作机制紧密的示范合作社。支持供销社加快推进基层供销合作社、社员股金服务社、农民专业合作社深度融合发展,建设"生产合作＋供销合作＋信用合作"三位一体新型合作社。同时,积极引导贫困户利用土地等生产资料、扶贫资金入股或加入合作社,努力实现所有贫困户加入合作社,依托合作社因户、因人、因地带领群众抱团发展产业增收。通过加大对贫困地区农民合作社的培育力度,不断壮大新型农业经营主体实力。截至 2017 年 2 月,贫困地区建立农民合作社 18246 家,占全省的 72.9%。

其二,培育壮大龙头企业。贵州省积极参加各种招商引资活动,开展外出招商、以商招商、网上招商、定点招商等多种形式招商,通过东西部扶贫协作、定点帮扶、企业帮扶、社会扶贫、减贫国际合作,积极引入龙头企业投资兴业,坚持把龙头企业作为实施全产业推进、多业态经营和全要素提升的关键,充分发挥市场主体的带动作用。按照"引导转化一批、扶持壮大一批、招商新进一批"的思路,积极引导辐射带动能力强的龙头企业到贫困地区投资兴业,并以产业为纽带,以技术、市场为重点,推进农业企业开展跨区域、跨行业、跨领域合作,通过信息共享、资源互换、股份经营等形式,优化要素资源配置,培育壮大一批产业联盟和企业集团。同时,积极推广"公司＋合作社＋贫困户"模式,充分发挥上连龙头下连农户的作用,优化扶贫产业选择、经营管理、融合发展,有效解决品种、技术、管理、销售等方面存在的问题。此外,在培育市场主体过程中,贵州着力解决各类市场主体开展经营所面临的困难。例如在融资方面,贵州省通过推进覆盖省市县三级农业担保体系建设,加快省级农业投融资平台建设,逐步建立完善市县农业政策性投资、担保体系，通过建立健全农村资源确权、价值评估、流转等抵押贷款的配套措施，支持金融机构扩大扶贫龙头企业授信额度。通过加大对贫困地区龙头企业的培育力度，不断壮大新型农业经营主体实力。截至 2017 年 2 月，贫困地区有省级以上重点龙头企业 389 家，占全省（543 家）的 71.6%。

其三，培育新型职业农民。贵州省着力加强农业职业教育，通过整合高等院校、科研院所、农技推广体系资源，实施职业农民培育工程，力图建设一支高素质、懂经营、善管理的新型职业农民队伍。2017 年，贵州省农委开展万名农业科技人员服务“三农”行动、第一书记驻村帮扶行动，致力于提升农业从业人员整体素质，激发产业发展活力。2018 年 4 月，为贯彻落实党的十九大精神和国务院扶贫办等 8 部门联合印发的《关于培育贫困村创业致富带头人的指导意见》文件精神，贵州省扶贫办发布《关于印发〈贵州省贫困村创业致富带头人培育三年行动方案（2018—2020 年）〉的通知》，计划从 2018 年到 2020 年，为 9000 个建档立卡贫困村平均每村培养至少 5 名创业带头人，全省累计培养 4.5 万人，按照每人带动 3 户以上贫困户计算，实现 13 万以上的贫困人口增收脱贫，基本形成“教育培训＋创业服务＋政策扶持＋带动致富”的四位一体扶贫创业致富带头人培育体系，以此更好地发挥“领头雁”的作用，促进产业扶贫提质增效，引领带动贫困户稳定脱贫。

（三）推进全产业链经营模式，创新开展产业扶贫新模式

黔地山货好，但优质产品并非一定自然占领市场。当前贵州特色优质农产品风行四海的背后，也回避不了农业产业普遍“小、散、弱”的现实。为应对农业产业发展链条短、产品附加值低、产销对接失灵

等问题，贵州省大力推进三产融合，积极推进品牌建设，创新开展各类产销对接机制，并积极探索"互联网＋扶贫"新模式，逐个破解制约产业扶贫发展的难题短板。

其一，大力推进三产融合。由于传统产业面临着产品单一、产品附加值低、市场风险高等困境，因而在产业的扶持和规划中，需要突出市场对产品的需求，加大产品附加值，延长产业链，拓宽产业利润空间。贵州省在产业扶贫工作中，重视拓展农业功能，提出农业"接二连三"的思路，实现全产业、多功能、多业态的一二三产业深度融合，打造从生产到加工、包装、储运、销售、服务的完整扶贫产业链条。具体做法包括在大规模农业原材料生产基地基础上，引进原料深加工公司，构建线上、线下销售网络以保证销售渠道畅通。贵州致力于巩固特色食品加工和民族制药的支柱地位，并着力推进畜产品、薏米、粮油等精深加工，延长农业产业链。此外，还充分发挥贵州"公园省"的全域旅游资源优势，紧密结合贫困乡村资源特点，通过推进农业与旅游、文化、教育、健康养老等产业深度融合，加快发展休闲农业、观光农业、保健养生游等业态产品。通过大力推进农业"接二连三"，构建农业与二三产业交叉融合的现代产业体系，带动农业增效、农民增收、贫困群众脱贫致富。

其二，积极推进品牌建设。贵州省把"三品一标"认证、国家地理标志产品保护作为提升农产品质量安全水平和品牌打造的重要手段，着力打造"放心贵州""品质贵州""营养贵州"的健康农产品形象，在消费者群体中树立"黔货"形象。黔货品牌建设是提升产业市场竞争力的重要抓手。如今，无公害、绿色、有机，已成为贵州农产品的亮丽标签。截至2018年底，全省有效期内"三品一标"种植面积达到

4706.2万亩，占全省耕地面积的68.9%。获得省级以上品牌产品、著名（驰名）商标的龙头企业达249个。此外，贵州已有144个产品获地理标志产品保护。保护产品涉及酒、茶、中药材、果蔬、粮油、畜禽、加工食品、工艺品等八大类产品，基本涵盖贵州省绝大部分的传统优势产业。实施地理标志产品保护能有效增加特色产品附加值，助力贵州精准帮助贫困群众脱贫致富，例如正安白茶在实施地理标志保护后，价格翻了一番；德江天麻价格比保护前增长了1倍以上，全县天麻栽种面积已达3万亩，产值2亿元以上，带动农户1万余户增收。

其三，创新开展各类产销对接机制。为应对产销对接错位问题，打消农户担心农产品滞销的顾虑，贵州省全力促进产销衔接，建立省市县三级农产品产销调度机制，指导各地科学对接销售。在此过程中，贵州创新开展了"农超对接""农校对接""农社对接"等产销对接机制，将贫困村农特产品定向直供学校、企事业单位食堂，直销餐饮酒店、经销企业、交易市场等。以"农社对接"为例，2016年10月，中信国安集团助推"黔货进京"，为贵州农特产品打通直通社区的销售渠道，计划5年内产品交易总额超过300亿元，带动20万户贫困户脱贫。同时，推广订单式、菜单式产业扶贫模式和经验，支持供销合作社整合资源设立全省性的定向采购配送平台，畅通农产品销售渠道，减少流通环节，发展订单生产，坚持以销促产、产销衔接，建立合理价格机制。此外，贵州省充分利用好对口帮扶、定点帮扶两大资源，帮助引进农产品产加销龙头企业，举办展销活动，建立销售网络，组织集团采购，让贫困地区更多农产品进入对口帮扶城市。原则上，每个贫困县要在对口帮扶城市开设1个以上的农产品"黔货出山"展销窗口。健全产销对接机制，为农民有效地降低了市场风险和技术风险，帮助小农生产引入大市场。

其四，积极探索"互联网＋扶贫"新模式。为了健全农产品电商扶贫体系，贵州省大力支持贫困地区有意愿的农村合作组织、贫困农户开办网店，积极引进知名电商平台，大力培育本土电商企业和品牌，线上线下结合，建立县乡村电商服务中心（站、店）三级体系，不断扩大电商销售贫困地区农特产品规模。每个贫困村和规模化农业基地至少拥有 1 个电商网店。2017 年以来，贵州借助线上平台加大营销攻势，加快电子商务建设，加大与阿里巴巴、京东、苏宁等知名品牌电商合作力度，推动"黔货出山"，进入全国大中城市并走出国门。截至2018 年底，贵州省已建成县级电商运营服务中心 60 余个，村级电商服务站点 1.22 万个，快递物流覆盖全省 80% 的乡镇。数据显示，2018 年1 月至 9 月，贵州省共实现网络零售额 111.31 亿元，继续保持 30% 的高速增长，贵州电商扶贫新路径取得显著成效。此外，贵州还积极探索"互联网＋"扶贫新模式，通过"扶贫云"将各项指标整合形成脱贫指数，针对不同原因、不同类型的贫困对象，进行精准扶贫、精准脱贫。同时，贵州积极探索利用信息化技术保障网上销售产品的质量安全监管，强化品牌优质形象，提高产品的市场竞争力。具体通过积极推进在各主产区建设产地批发市场、推进电商平台建设，实现线上线下联动，通过质量追溯体系、二维码、物联网以及监控数据，强化网上营销产品质量安全监管。"互联网＋农业"模式的发展帮助贫困山区绿色优质农产品找到销路、扩大生产、增加收入，通过销售引导农民精准种植，农业科技创新水平大幅提升，实现精准扶贫。

（四）强化社会利益联结机制，确保效益到户、带动到人

产业扶贫的核心是把贫困户联结到产业链条中，激发其内生动力。

具体做法包括通过吸纳就业、资产入股、土地租金等方式将贫困户有效联结到产业链中，使得贫困户稳定获得劳动务工收益、资产扶贫收益、反租倒包收益等收益形式。在省扶贫办政策部署下，贵州省各地涌现出一批成效显著的产业扶贫社会利益联结模式。如六盘水市出台的《资源变股权、资金变股金、农民变股民指导意见》。这场"三变"改革，创新利益联结机制，激发了精准扶贫内生动力。仅 2014 年至 2017 年，全市 33.44 万名贫困群众成了股东，直接带动六盘水市 22 万贫困人口脱贫。2015 年，六盘水全面消除了空壳村，形成了村村有实体的格局。"三变"扶贫模式成效显著，并在全省范围推广。贵州省以"三变"改革为统揽，采取"企业＋合作社＋农户"等多种方式，密切经营主体和农户的利益联结关系，明确企业、合作社、村集体、农民在产业链、利益链中的环节和份额，建立多方共赢、合作共享的产业发展格局。截至 2018 年底，贵州"三变"改革实现乡镇全覆盖，其中贫困村 3358 个，贫困人口实现农民变股东 142.86 万人、人均增收 1038 元。

四、产业扶贫创新的经验与启示

实践证明，产业扶贫在推动贫困人口脱贫增收、带动贫困村整体发展方面有着明显成效。进入精准扶贫阶段以来，产业扶贫因其有效性、安全性和益贫性，在精准扶贫精准脱贫方面的重要性更加凸显。但是，随着农业发展内外部环境和减贫形势的变化，产业扶贫需要不断创新扶贫体制机制，才能真正发挥其应有的效能。贵州省建设新型产业扶贫体系的经验，为构建新时期产业扶贫政策的方向提供了有益的启示。

（一）立足资源禀赋，整体谋划产业扶贫政策

近年来，农业产业结构调整、供给侧结构性改革成为农村经济发展的大势所趋。谋划产业扶贫，需要将供给侧结构性改革与农业产业结构调整紧密结合，在产业类型选择层面，需要结合地方的资源禀赋与实际情况，有机处理传统农业产业、新兴产业与特色产业之间的比重和关系，同时探讨如何更好地在产业扶贫过程中促进三产融合，探讨产业发展过程中的融资机制，利用金融杠杆撬动社会资金发展农业产业化，探索农业保险全覆盖。

此外，复杂多变的市场环境也成为谋划产业扶贫政策的重要考量。例如，现今随着消费理念的转变，绿色有机消费开始兴起，无公害的绿色农产品在市场中具有较强的竞争力。市场环境的变化要求政府在进行产业扶贫规划中充分关注产品的市场潜力，实现产业扶贫项目的部署和扶持的精准发力，从而提高产业扶贫体系发展的有效性。同时，面对农产品市场体系的不断成熟，如何更好提升扶贫产业的竞争力成为产业扶贫工作中的一项重要课题。而品牌建设成效作为产业竞争力的重要组成部分在推进产业扶贫工作中显得越发重要。

由此可见，贵州省在"二次顶层设计"中的做法，包括鼓励各县市发展符合地方实情的山地农业现代化道路，大力发展无公害、绿色、有机农产品，并通过认证体系建设优质"黔货"品牌形象等，是将产业扶贫政策规划视为一项系统工程的结果，为政府在新时期整体谋划产业扶贫政策提供有益参照。

（二）坚持开放创新理念，积极应用新技术、新方法

近年来，农业现代化领域出现了许多新的技术和新的方法，对此应始终保持开放、创新的理念，对农业产业化发展领域新业态保持高

度的敏感性，并基于此，及时制定相应政策，助力现代化产业体系建设，实现产业扶贫工作高效发展。例如通过产业交叉融合发展的方式，调整传统农业产业结构，通过充分调动贫困地区的农业生产要素，延长产业链，拓展农业多功能化，进而扩展产业的利润空间，提高产业的综合效益。

再如，应用"互联网＋农业"的方式助力农业生产信息化。一方面，鼓励合作社、农户设立网店，通过网上销售的方式为特色农产品的销售拓宽渠道。同时，引进各大电商平台，依托企业管理农特产品线上销售的方式则有效破解了农户经营网店能力的限制，有效推进解决农产品销售难问题，并且销售的规模化有利于农特产品的品牌建设，提升市场竞争力，为贫困地区产业扶贫项目的发展提供拉平市场鸿沟的宝贵机遇。另一方面，引进互联网技术，发展信息共享服务，有助于降低企业成本和政府公共政策行政管理水平的提升。贵州省在"互联网＋扶贫"上大胆探索，勇于实践，现已成为其产业扶贫过程中一项重要的新形式新路径。这项探索至少包含两个方面的意义：其一，促进扶贫资源、扶贫过程的精准管理，提升行政效能。其二，由各类数据构成的减贫大数据，具有可观的研究价值，对于扶贫开发政策评估、优化具有十分大的潜能。但同时也应当看到，减贫大数据要真正发挥效能，仍有众多建设着力点，如数据采集过程、成果运用方式等。但总体而言，贵州在"互联网＋扶贫"领域的探索，对于脱贫攻坚本身，乃至公共政策推行都具有积极意义。此外，信息化技术的应用能有效帮助企业管理农特产品的安全生产。同时，信息化技术可作为桥梁，有效联结产品与消费主体，从而有助于在消费者心中树立品牌形象，由此提升品牌效益。这从"长顺四宝"打开市场的经验中，可见一斑。

（三）建立益贫性的利益联结机制，倡导参与式扶贫

产业扶贫过程中隐含着两种原则：一是产业发展本身的市场原则。这种原则天然追逐利润，追求着各类资源特别是经济资源配置的市场优化和经济效益的最大化，这种逐利行为在产业发展过程中要求以市场为导向，以经济利益为中心，片面强调产业的做大做强。二是社会道德原则。产业扶贫的道德原则强调扶贫济困的社会功能，通过发展产业带动贫困群体脱贫致富，这是一种社会责任，亦是一种底线思维。正确处理市场原则与社会道德原则之间的关系，一是需要构建益贫性的利益联结机制；二是要调动贫困户内生动力，倡导参与式扶贫。

第一，要构建益贫性的利益联结机制。所谓利益联结机制，指的是在产业化扶贫的推进过程中，参与产业化运作的各个利益主体之间所形成的各种利益关系。闫玉科认为利益联结机制可从外在表现和内涵两大层面进行分析。所谓外在表现即为参与产业化经营的龙头企业与农户之间的联结模式，内涵则是指参与产业化经营的龙头企业与农户之间的利益分配规则。[1] 带动贫困人口脱贫增收是产业扶贫工作的出发点和落脚点。正因为产业扶贫的"扶贫"特性，在构建利益联结机制的过程中，尤要凸显产业扶贫的社会道德原则，凸显产业发展过程中对贫困农户的"益贫性"，同时参与产业扶贫的市场主体需要更多地体现社会关怀与社会责任，政府需要在构建利益联结机制的过程中担负至关重要的监督和监管责任。贵州省在推进产业扶贫过程中，密切经营主体和农户的利益联结关系，除劳动务工收益、反租倒包收益外，农民可以通过土地入股、资本入股的方式，分享产业发展红利，为处

---

① 闫玉科：《农业龙头企业与农户利益联结机制调查与分析》，《农业经济问题》2006 年第 9 期。

理好市场原则与社会道德原则、产业与农户、资本与农民之间的关系提供了范例。

第二，要注重产业扶贫过程中贫困户内生动力的挖掘和培育，倡导参与式扶贫。从根本上说，市场原则与社会道德原则的平衡点与结合点在于参与产业扶贫的主体之间的关系处理与利益分配。产业扶贫主要包括市场主体和贫困群体两大主体，产业扶贫陷入两大原则实践困境的原因之一即在于市场主体的强势介入与贫困户内生动力的缺失。如何挖掘和培育贫困群体发展产业的内生动力，既是当前精准扶贫、精准脱贫的难点，亦是重点。参与式扶贫强调"赋权于民"，贫困户全程参与产业发展的项目设计、产业选择、资金监管等各个环节，有效激发和调动贫困群体参与产业发展的积极性、主动性。根据以往经验，以行政思维代替发展思维，以同质化的发展模式"逼民致富"的效果往往不甚理想。参与式扶贫需要充分尊重农户的意愿和首创精神，加强农户在产业发展中的地位。因此，要求在产业扶贫过程中建立各个主体间的良性沟通机制。但农户居住的分散将增加沟通的成本和难度，因而如何将单个分散的家户有机联结到现代化农业发展过程中是产业扶贫的重要课题。着力农户的能力建设，建立合作社、能人或大户带动等形式则为此提供了可供参考的有效途径。实现参与式扶贫对于地区产业发展的有效性与益贫性有重要意义。

（四）搭建平台，联结政府、市场和社会三方力量

充分发挥集中力量办大事的体制优势，是我国创造反贫困奇迹的一大秘诀。无论是从理论上分析，还是在实践中总结，产业扶贫工作的有序开展，需要政府、市场和社会三方力量的共同参与。

产业扶贫离不开政府的顶层设计、资源整合、关系协调等能力。

首先，政府需要在项目设计阶段，充分考虑地方实情和市场环境，同时尊重贫困群体的发展意愿，因地制宜地规划合理可行的减贫发展道路。一个成功的产业项目往往从其规划设计中就可以看到它后期发展的活力。同时，政府还需要规划整合财政、企业、银行等各个行业、部门的资源，统筹安排，为产业发展打造适宜的背景基础以及提供公共产品和服务。此外，在实施过程中协调各方利益关系，处理好产业发展与农户增收间的关系，处理好市场主体与贫困户利益的关系，保证规划的成功落地和农户的稳定增收。

市场力量指的是市场主体与市场规律的力量。就市场主体而言，充分发挥市场力量需要政府的不越位，不以行政指令干预市场主体的生产经营活动，而是立足于服务，从而保障市场主体的活力与专业性的充分展现。立足服务包括对尚未发展成熟的市场主体的扶持与引导，为各个主体牵线搭桥、整合资源，提供市场主体得以充分施展拳脚的制度环境，等等。就市场规律而言，产业扶贫工作需要重视培育地方产业应对市场风险的能力，使得产业能扎根于市场、成长于市场，从而实现产业的长效稳定发展。不可以行政思维代替市场经济思维，片面地追求规模与数量。符合市场规律的产业能产生大量效益，而不符合市场规律的产业反而成为地方的负担，因而深入研究市场、找准自身在市场中的定位、明确产品受众及其需求是开展产业扶贫工作的基础。

社会力量不单指基层组织和农民组织，而是包括所有社会成员在内的社会力量，这其间蕴含着巨大的消费潜力。这种社会力量的调动需要政府部门在贫困地区和消费市场之间架起桥梁，运用市场机制，让贫困地区的产品真正流动起来。消费者群体内部存在以差异化需求为特征的结构分化，但不同类型的消费者群体与生产不同类型的产品的贫困群众之间总是能找到双方的利益联结点，以此为基础，打通供销链条，达成买卖双方互利共赢的结果。具体模式如农产品与事业单位食堂间的产销对接、"电商＋农产品"的电子商务模式等。联结社会力量能为贫困地区的产业发展注入内生动力，促进贫困人口稳定脱贫和贫困地区产业持续发展，而成功的关键还在于贫困地区和消费市场之间平台的搭建。

第五章

脱贫机制创新

精准扶贫是对传统扶贫方式的革命性改革，这就要求扶贫开发工作要进一步解放思想、开拓思路、深化改革、创新机制，使市场在资源配置中起决定性作用并更好发挥政府作用，同时更加广泛、更为有效地动员社会力量，构建政府、市场、社会协同推进的大扶贫格局，在全国范围内整合配置扶贫开发资源，形成扶贫开发合力。可见，改革创新扶贫脱贫机制重要而紧迫。

一、脱贫机制创新的意义

2014 年以来，贵州省六盘水市深入贯彻落实国家精准扶贫方略并结合当地实际情况，通过农村"三变"改革，有效地盘活了闲散化的资金和资源，有效动员了个体化的农民，通过利益联结的方式将其重新集中组织起来，激活了农民的土地承包经营权、住房财产权、集体收益分配权，走出了一条不同于其他贫困地区的特色发展道路。这是一次农村改革的伟大尝试，开创了农业增效、农民增收、农村增值的良好局面。贵州省"三变"改革以六盘水市为典型代表，在积累和总结发展经验的基础上，于 2016 年由点到面逐渐向全省范围内铺开，继而形成一套日益完善的农村改革体系，在推进精准脱贫、壮大集体经济、增加农民收入、发展特色产业、促进资源整合、加快市场流转等方面取得了显著的成效。这一开创性的农村改革举措被纳入 2017 年中央一号文件中，文件明确提出，"从实际出发探索发展集体经济有效途径，鼓励地方开展资源变资产、资金变股金、农民变股东等改革，增强集体经济发展活力和实力"。这是对贵州省六盘水市"三变"改革经验的重要肯定和推广支持。贵州省"三变"改革为建立稳定长效的脱贫机制奠定了良好的经济基础和制度保障，也为其他农村地区产权制度改革提供了可借鉴、可复制的创新样板和实践经验，因此，对于贵州省"三变"改革进行系统梳理和经验总结尤为必要，这样既可以呈现出贵州省"三变"改革的显著成效，又可以探索出"三变"改革的理论脉络，还能发现"三变"改革中潜藏的问题和亟待完善的部分，以便为建构完备的"三变"改革体系提供更为精准的对策建议。

由贵州省六盘水市发端的农村"三变"改革是在以家庭联产承包责任制面临经营困境和发展瓶颈的基础上创新的改革策略，以应对家庭联产承包责任制所带来的"分"得充分、"统"得不够的现实状况，农村资源、资金和农民更多表现出分散化的趋势，以至于难以整合各类资源而形成有效的经济发展合力，农民的经济收入处于低水平、不稳定的状态，农村各类集体组织涣散、内部联结虚弱，很难适应当前社会主义市场经济规模化、组织化、市场化的发展要求。因此，"三变"改革立足实际、打破常规、创新机制、整合资源、回应需求，丰富和发展了邓小平同志"两个飞跃"理论，[1]有力印证了习近平总书记的农村市场化理论和农民组织化理论，两者之间内在联系、辩证统

---

① 王永平、周丕东：《农村产权制度改革的创新探索——基于六盘水市农村"三变"改革实践的调研》，《农业经济问题》2018年第1期。

一。① "三变"改革是以农村集体产权制度变革为出发点，以转变农民身份为着眼点，以发展特色产业为发力点，以拓展农民收入渠道为切入点，以增加农民资产性收益为落脚点，最终实现贫困地区长期、稳定的脱贫致富。"三变"改革的受众范围并不局限于贫困户，而是将主体对象扩展到整个农村地区，既能实现整村推进脱贫的政策目标，也有效调和了贫困户与非贫困户间的关系，形成了良性互动的社会支持网络，改善了乡村治理的社会生态。

二、贵州"三变"改革的实践探索

贵州省"三变"改革演进主要包括三个阶段。第一阶段是 2014 年开始的六盘水市的"三变"实验，这既是"三变"改革前期实践的经验摸索阶段，也是贵州省进行顶层政策规划和制度设计的经验积累阶段。第二阶段是 2016 年开展的贵州省"三变"改革试点，通过在全省范围内的试点，进一步论证和检验"三变"改革的普适性、合理性和科学性。第三阶段是 2017 年贵州省在全省范围内开展"三变"改革，不断完善政策保障体系和机制建设，真正推动农村集体产权制度改革，促进农业生产增效、农民生活增收、农村生态增值，为全省决胜脱贫攻坚、同步全面小康奠定坚实经济基础。

（一）"三变"改革的初步探索

2014 年，贵州省六盘水市率先创造性地提出"资源变资产、资金变股金、农民变股东"的"三变"改革模式，拉开了我国农村新一轮集体产权制度改革的序幕。2015 年以来，水城县等地以农村产权

---

① 陈林：《习近平农村市场化与农民组织化理论及其实践——统筹推进农村"三变"和"三位一体"综合合作改革》，《南京农业大学学报（社会科学版）》2018 年第 2 期。

制度改革为重点，先行探索、先行试点、先行突破，探索出一条"三变"改革新路径，成为"三变"改革的"发源地"和"三变"实践创新的"试验田"。在完善的政策保障和制度支持下，六盘水市"三变"改革不断突破制度藩篱和客观约束，制定了细致的阶段化"三变"改革工作实施方案，主要工作措施有：（1）加快确权登记颁证，对"三变"改革进展较快、群众积极性较高的乡镇和村优先确权。（2）全面开展清产核资，以行政村为单元，对村集体的资源、资产和资金开展清产核资。（3）加大资金投入，一是2016—2018年市县财政每年安排5000万元专项资金，二是整合发展类、扶持类资金。（4）打造发展平台，一是打造村级初级发展平台，发展特色产业；二是围绕"3155"工程打造规模化中级发展平台，形成产业示范基地；三是打造综合性高级发展平台，形成加工、冷链、物流、研发、旅游、电子商务等基层功能齐全、设施配套、服务完善的农业综合体。（5）积极培育市场主体，一是壮大一批，利用市县投融资公司，发挥引领示范和主力军作用，并帮助承接"三变"的企业成长为省级以上龙头企业；二是引进一批，通过招商引资企业参与"三变"，引导工商资本转产投入农业领域，探索引进土地流转信托公司加快土地流转；三是新建一批，以"三变"为纽带，以"3155"工程为平台，创办村办企业。（6）完善信息化管理平台，实现各方面数据的有效对接和互联互通。（7）大力开展招商引资，储备和包装一批"三变"项目，引进国内外上市企业、市外优强企业，并引导市内以煤矿为代表的非公企业转产到农业领域。（8）在清产核资和农村产权确权登记颁证的基础上，逐步建立完善农村产权融资、产权交易、股权交易等"三变"改革配套政策体系。（9）加强产品市场培育，抓好市场拓展、品牌打造和电商平台建设。

（10）建立财政资金退出机制。六盘水市正是通过这些具体的工作举措切实保障"三变"改革取得明显成效，并形成一套完善且成熟的改革经验，大力推动了地区经济社会发展和贫困群众脱贫致富。

（二）"三变"改革的全省试点

2016年初，贵州省出台《关于在全省开展农村资源变资产、资金变股金、农民变股东改革试点工作方案（试行）》，在21个县1016个行政村开展"三变"改革试点，涉及农村人口304.8万，其中贫困人口48.2万。《工作方案》主要包括三大部分内容：一是总体要求。在指导思想方面，要求坚持问题导向和改革思维，以市场化运作为引导，通过开展农村"三变"改革试点，加快农村集体产权制度改革，努力走出一条有别于东部、不同于西部其他省份的农村改革发展新路。在基本原则方面，要坚持改革底线，尊重各方意愿；坚持循序渐进，把握正确方向；坚持保障权益，确保风险可控；坚持配套跟进，加强统筹协调。在目标任务方面，要通过3年努力，"三变"试点工作取得阶段性成效，到2018年底，探索形成可复制、可推广的改革成果，为全省深化农村改革提供支撑。二是关键环节和实验内容。建立支持保护机制，加快转变农业发展方式，因地制宜选好产业，创新财政资金资源配置机制，加快培养新型职业农民，建立紧密型利益联结机制，实现合作共赢。建立确权颁证机制，加快确权登记颁证工作，分类推进农村集体资产确权到户和股份合作制改革，明确集体经济组织市场主体地位。建立产权交易机制，建立符合实际需要的农村产权流转交易市场，鼓励和支持以市场化方式组建农村产权及其他权益类资产评估机构，满足农村资产和权益评估需求。建立融资担保机制，完善农村信贷损失补偿机制，稳妥开展农村承包土地的经营权和农民住房财产权抵押贷款试点，完善农村信用体系建设，探索融资担保新模式。建立风险防控机制，进一步推进农业保险业务发展，扩大特色农产品保险的试点范围，建立股权（股金）监管机制和合同备案机制，约定合作当事人的权利和义务。建立权益保障机制，形成"利益共享、风险共担"的股份联结机制，建立有效的股权分红机制，确立合理的收益分配方式。三是工作步骤和保障措施。要求加强组织领导，明确责任分工，选择试点地区，严格试点条件，规范试点运行，建立激励机制，做好总结评估。

通过一年试点，试点村入股农民人均增收1170元，减少贫困人口11.1万，平均每个村集体收入达到6.4万元。"三变"改革使农村资源要素逐步激活，农业发展动力逐步增强，农民增收渠道逐步拓宽。2016年贵州全省农林牧渔业增加值1944.66亿元，农民人均可支配收入8090元，同比分别增长5.9%和9.5%，增速保持全国前列。同时，"三变"改革写入《贵州省大扶贫条例》，入选中国"三农"创新榜，被评为年度贵州经济"十件大事"和党建扶贫"十大新闻"。"三变"改革在全国的影响进一步扩大，多个部委和省区市前往贵州考察，安徽、陕西等省试点推广，"三变"改革正从"黔中开花"引来"满园春色"。①

（三）"三变"改革的全面推进

贵州省在总结2016年21个县试点经验的基础上，2017年出台《贵州省全面推进农村资源变资产、资金变股金、农民变股东改革工作方案》，在所有县域全面推进"三变"改革。《工作方案》明确指出，

---

① 《农村"三变"改革、"塘约经验"》，http://wemedia.ifeng.com/38915563/wemedia.shtml，2017年11月28日。

把农村"三变"改革作为完善农村基本经营制度、农村产权制度、增强新形势下农业农村发展动能的总抓手，作为农业供给侧结构性改革和产业扶贫的主引擎，作为发展农村集体经济、加强农村基层治理的突破口，发挥政府主导作用和龙头企业、农民合作社的带动作用，聚焦"股份农民"这个核心，围绕人、地、钱、农业经营主体、村级集体经济五个要素，激活农村自然资源、存量资产和人力资本，促进农业生产增效、农民生活增收、农村生态增值。强调要坚持问题导向，积极探索创新；坚持尊重意愿，维护农民利益；坚持把握方向，遵守循序渐进；坚持守住底线，确保风险可控；坚持配套跟进，加强统筹协调。

《工作方案》提出了全面推进农村"三变"改革试点的任务和目标。要通过农村"三变"改革试点工作，探索建立股权合作机制、资金整合机制、产业带动机制、经营主体培育机制、农村产权交易机制、合同规范机制、权益保障机制、风险防控机制等八项机制。通过"三变"改革，形成一种推动生产发展的新力量，使沉睡的资源活起来、分散的资金聚起来、增收的渠道多起来、老百姓的日子好起来。让更多贫困户参与，把发展生产扶贫作为主攻方向，推动贫困群众与企业、合作社、家庭农场等经营主体"产业连体、股份连心"，确保户户有增收项目、人人有脱贫门路，提高产业扶贫效益和资产收益，激活脱贫攻坚内生动力，增强贫困人口脱贫致富的信心和能力；让更多农民增收，在"耕者有其田"的基础上实现"耕者有其股"，着力打造"股份农民"，增加股权收益，最大限度释放改革的综合效应和红利，增强农民在改革中的获得感；让更多村级集体经济增长，做好深化农村集体产权制度改革这篇大文章，增加集体收入、壮大集体经济、优化乡村治理，全面消除空壳村，夯实党在农村执政物质基础，提升基层党组织凝聚力、战斗力和号召力；让更多农村资源增值，优化资源配置，激活农村发展要素，加速释放资源红利，促进资源向资产的转化，提升资源交换价值，大力促进生态产业化、产业生态化，增加村集体和农民财产性收入，实现百姓富与生态美的有机统一。《工作方案》要求，要从健全工作机制、强化部门协作、加强督促考评、注重总结推广等方面，加强"三变"改革的保障措施，确保改革工作有力有序有效推进。[①]

而且，贵州省委农村工作领导小组办公室、省"三变"办等单位先后印发《关于报送"三变"改革有关情况的通知》《贵州省农村"三变"改革统计表》《贵州省农村"三变"改革信息材料报送制度（试行）》《贵州省农村"三变"改革统计监测指标体系（试行）》等政策文件，既为农村"三变"改革夯实强有力的制度支撑，也为农村"三变"改革提供科学合理的程序规范。

三、贵州"三变"改革的效果与经验

贵州省在六盘水市"三变"改革取得明显效果并形成可推广的改革模式后，在全省范围内试点并全面推广，越来越多的贫困户通过"三变"改革脱贫致富，越来越多的贫困村和贫困县"脱贫摘帽"，"三变"改革所创造的经济价值和社会价值得到社会公众的普遍认同和肯定。"三变"改革不仅在理论逻辑层面化解了家庭联产承包责任制所引发的资源、资金和农民的分散化难题，而且在实践运作层面的规范化流程、规模化经营和市场化取向的多维路径并行，使农村集体产权制

---

① 纪霞：《供给侧结构性改革视域下农村经济的"三变"改革策略探究》，《农业经济》2018年第9期。

度的内在机理发生了深刻变革，为贫困地区脱贫攻坚、发展致富奠定相应的制度基础，为我国农村地区探索出独具特色的建设道路，是一次真正的具有历史意义的农村制度改革。诚然，贵州省是我国"三变"改革道路上的模范先锋和排头兵，有必要将"三变"改革的成效和经验加以概括总结，为其他贫困地区提供借鉴。

（一）"三变"改革的效果

贵州省委、省政府要求，当前及今后一个时期，贵州省要始终坚持把"三变"改革作为农村改革的"牛鼻子"，作为农业供给侧结构性改革的"突破口"，作为农村脱贫攻坚和全面小康的"新引擎"，聚焦"股份农民"这个核心，围绕人、地、钱、农业经营主体、村级集体经济五个要素，激活农村自然资源、存量资产和人力资本。2017年，根据政策文件部署，贵州省内所有县（市、区）均已启动改革试点，共有2500多个村开展"三变"改革，已经在全省范围内取得显著的总体成效，并形成可以复制和推广的改革经验和运作体系。

1. 推动贫困地区脱贫

贵州省"三变"改革对于贫困地区脱贫具有显著的推动作用，贫困发生率逐年降低且贫困人口数量不断减少，贫困县陆续"脱贫摘帽"，贫困户逐渐退出帮扶行列，贫困群众所能支配的各类资源进行折股量化后极大地增加了资产性收益，贫困户转变为股民身份，在拥有保底收入的同时享受着资产经营所带来的分红和收益，这也成为贫困群众具有稳定性和可持续性的"双项收入"。贫困农村地区的"三变"改革有效激发了贫困群众的内生动力，增强了他们摆脱贫困的致富信心，形成良好的脱贫攻坚的文化氛围和社会环境，有序引导返乡农民就业创业。各地充分利用"三变"改革的各项优惠政策，开辟着新一轮的农村增收机会和收益空间。统计数据显示,2016 年贵州省减贫 120.8 万,贫困发生率从 2012 年底的 26.8% 下降至 2016 年底的 10.6%,1 个贫困县完成国定摘帽标准的第三方评估工作、1500 个贫困村摘下贫困标签,脱贫攻坚取得显著成效。[①] 截至 2017 年 10 月,贵州省已在 88 个县(市、区)的 968 个乡镇 2532 个村开展"三变"改革试点,实现县域全覆盖。其中,贫困乡镇 369 个贫困村 1232 个。改革涉及农村人口 708.2 万,其中贫困人口 87.3 万。贵州省已组织试点村集体资源入股 84.66 万亩,资源折价入股 26.68 亿元;整合 35.28 亿元财政资金投入试点村"三变"改革,撬动 98.96 亿元社会资金投入"三变"改革。农民以承包地等资源入股 227.28 万亩,以资金入股 12.48 亿元,实现 232.83 万农民变股东,其中贫困人口 55.25 万。仅在 2017 年上半年,贵州省"三变"改革实现分红 8.7 亿元,入股农民人均分红 373.7 元,有力助推了脱贫攻坚。[②]

2. 增强农村集体经济

贵州省在"三变"改革中充分鼓励乡村精英、地方能人等乡村主体将村集体资产、农民土地和闲散资金集中起来,以"村集体+农户、合作社+农户、公司+合作社(村集体)+农户、公司+基地+农户"等形式兴办或引进优势产业项目,这种多样化的合作模式保障了农户的主体性地位,农户的选择权、知情权、监督权等法定权利得以实现,他们既能获得资产性收入,又能通过参与合作社或公司的产业项目,获得相对稳定的劳动性收入。贵州省在推进农村"三变"改

---

① 《2016 年贵州省减贫 120.8 万人,脱贫攻坚仍有短板》,http://www.gzgov.gov.cn/xxgk/zdlyxx/fptp/201710/t20171010_1074379.html,2017 年 9 月 28 日。

② 陈毓钊:《贵州省"三变"改革试点实现县域全覆盖》,《贵州日报》2017 年 10 月 9 日。

革时，始终坚持着"联产联业、联股联心"的基本原则，真正将农民、合作社、公司等主体紧密联结起来，形成一股推动经济发展和收益共享的整体合力。农村集体经济的体量不断增加，为农村可持续发展和社区转型添注强劲动力。贵州省雷山县方祥乡格头村采取"合作社＋"的发展方式壮大村集体经济，多渠道多方式引进项目，强化基础设施建设。格头村在坚持土地公有性质不改变、耕地红线不突破、农民利益不受损的前提下，围绕"稳增长、保安全、促和谐"的要求，在生态资源丰富的基础上，"三抓"积极作为，促进"三变"改革显成效。截至 2016 年 12 月，格头村稻田养鱼实现资源变资产 15 亩，中药材种植（铁皮石斛、青钱柳）实现农民变股民 40 户、资源变资产 4600 亩；发展茶叶、葡萄等产业实现农民变股民 140 户、资源变资产 1600 亩、资金变股金 18 万元，通过旅游业、农家乐等实现全村资源变资产、资金变股金、农民变股民分别达 85 万元、18 万元、28 户。2016 年上半年，村民人均收入达 5830 元，146 人实现脱贫。[①]

3. 促进集体产权改革

贵州省"三变"改革，通过农村的各类资源以存量折股、增量配股、土地入股等多种形式，推动农村资产股份化、土地资源股权化，盘活各种资源要素，并引入市场化的作用机制，将资源与资产对应起来，继而通过因地制宜地发展中草药、生态旅游等产业，形成农村资产的规模效应和增量模式。"三变"改革股权架构的不断完善有助于明晰界定并尊重产权归属，保障了农民"耕者有其股"，增加了农民的资产性收益，促进了农业经营方式变革。"三变"改革中的土地得以实

---

① 《雷山县方祥乡格头村"合作社＋"壮大村集体经济》，http://www.gzfp.gov.cn/xwzx/dfdt/201612/t20161202_1507827.html，2016 年 12 月 2 日。

现市场化流转、规模化经营、组织化管理，能够将以往农村地区抛荒的土地再度利用，提高资源配置效率，促进农村地区土地流转市场的形成。贵州省农村集体产权制度改革不断取得新的突破，为深入推进"三变"改革打下了坚实基础。2017年7月，人力资源和社会保障部、国家林业局发布《关于表彰全国集体林权制度改革先进集体和先进个人的决定》，六盘水市成为贵州省两个受表彰的市县之一。在集体林权制度改革中，六盘水以"三变"改革为引领，深化集体林权制度改革，实现森林资源"四个效益"最大化，促进了群众增收，助推脱贫攻坚取得新成效。六盘水市林业实现"三变"改革全覆盖，林地资源变资产15.6万亩，整合转股资金6.2亿元，入股受益农民达39.3万，其中贫困人口11.3万以上，农户户均年增收3625元。2017年6月，水城县被列为全国农村集体产权制度改革新增试点单位。7月，农村集体产权制度改革示范点在钟山区大河镇启动，实现了六盘水市集体资产股权量化零的突破。7月5日，农业部在盘州市举办土地经营权入股发展农业产业化经营试点总结交流活动，对六盘水市两年来土地经营权入股发展农业产业化经营试点工作取得的成绩给予了充分肯定，认为六盘水市通过"三变"改革，在"耕者有其田"的基础上实现"耕者有其股"，探索出了一条农村集体产权制度改革的新路。①

4. 强化基层组织建设

第一，贵州省"三变"改革中多个试点地区形成"党建＋三变＋农户"的运作模式，充分发挥了基层党组织的战斗堡垒作用，增强了

---

① 《一串沉甸甸的果实——盘点2017年六盘水"三变"改革十件大事》，http://www.gzlps.gov.cn/rdzt/zybzczjbgjnmbgd/jjsb/201801/t20180103_1569390.html，2018年1月3日。

党组织的核心领导能力、判断决策能力、服务供给能力、依法办事能力和纠纷化解能力，由点到面的联村党委建设有助于地区统一领导、统筹规划、统一布局，高效整合和配置各类资源，实现了联合联动发展、区域共同开发、社会共同治理。第二，"三变"改革有力推动了村委会组织建设，破解了以往村委会权威丧失、自治能力不足、资源调配受阻等基层运作困境，基层社区自治空间得以塑造，群众参与社区公共事务的积极性得到提高。第三，"三变"改革加快了农村经济组织建设，有效缓解了贫困地区经济发展滞后、经济组织组建步伐缓慢以及流转资金储备不足等现实短板，农民专业合作社、公司、产业园等参与市场竞争的经济组织发展迅速，吸纳了绝大多数的股份化农民，进一步巩固了"三变"改革中"农民变股民"的阶段性成果，基层社区的组织化水平明显提升，农民间的集体行动得到有效保障，有助于打造社区利益共同体和情感共同体。贵州省铜仁市在 2017 年印发的《铜仁市深入推进"民心党建 + '三社'融合促'三变' + 春晖社"改革实施意见》中指出，在总结"三变"改革经验的基础上，围绕"民心党建 + '三社'融合促'三变' + 春晖社"改革思路，通过充分发挥农民专业合作社、供销社、农信社功能，促进农村生产力、生产关系和资源要素等更好融合，推动农村经济社会持续快速发展。[1]

（二）"三变"改革的创新经验

贵州农村"三变"改革在理论创新与实践突破的基础上总结出一整套完善的运作模式和保障政策，形成可推广的确权颁证机制、产权交易机制、融资担保机制、风险防控机制及权益保障机制，"三变"改革的

---

[1] 《铜仁市深入推进"民心党建 + '三社'融合促'三变' + 春晖社"改革》，http://www.gzfp.gov.cn/xwzx/dfdt/201706/t20170606_1849694.html，2017 年 6 月 6 日。

创新经验具有普适性和可复制性的显著特征，主要表现在以下方面：

1. 强化农民主体地位

贵州省"三变"改革中非常注重对农民主体地位的确认和塑造，将农民视为"三变"改革的重要参与者、资产拥有者、股份持有者和收益共享者。一是保障了农民群体的各项权利。农民在土地流转入市的过程中具有高度的自主选择权，自愿参加或放弃资源折股，可以在"三变"改革过程中有序退出，出台相应的政策文件，对农民的知情权、监督权和决策权等合法权利加以保障。二是充分发挥家庭经营优势。农民参与"三变"改革转变为股民之后，并不意味着他们退出土地经营的整个环节，而仍然作为重要的参与主体从事农业生产，精细化的家庭经营方式的优势得以发挥，公司等市场主体则掌控着农产品的生产质量、销售渠道和品牌打造等推动"三变"产业转型升级的关键环节。三是促进农民与新型农业经营主体协作双赢。获得经济收益是两者共同的目标追求和行动取向，有助于形成一个高效协作、紧密联系的利益共同体，其中多元主体利益关系处理方式在制度规范下表现出明显的非对抗性和非冲突化特征。同时，新型农业经营主体所拥有的先进生产设备、技术以及规范化的管理方案能够提升农业生产效率，真正确保农业增收、农民致富。

2. 推进股份合作

贵州省"三变"改革使农民从原来分散的个体经营者转变为以市场化的土地股份分红的股民，这种股权激励的方式将村庄内部个体由空间秩序的消极参与者演变为空间秩序的积极塑造者与维护者。[1] 对于

---

[1] 杨慧莲等：《如何唤醒"沉睡资源"助力村庄发展——贵州省六盘水舍烹村"三变"案例观察》，《贵州社会科学》2017年第12期。

个体小农来说，以往暂时性的小规模土地流转仅能获得低水平、固定化收益，股份合作是"三变"改革中具有稳定性和持续性的土地流转方式，农民更加注重合作经营的收益情况，其中包括土地利用方式的更新和转变，产业项目的规模化布局创造出可以共享的增值收益。而且，这种"联产联业、联股联心"的发展模式能够留住农民就近就业创业，并不是"挤出"农民，而是"吸纳"农民，有效避免了劳动人口外流所造成的农村"空心化"状态，也为贫困地区的妇女、老人以及其他类型的富余劳动力提供了增加收益的可能性。此外，"三变"改革有利于形成地方性的激励机制，股份合作事项在农村社会的有序推进得益于乡村精英的号召和领导，普通村民往往对具有市场风险性的土地流转持有顾忌态度，其主动参与股份合作的积极性不高、参与意愿不足，这就需要村庄精英发挥其重要功能，贵州省"三变"改革则有效借助了乡村精英的动员能力和示范作用，推动农民股份合作步入新阶段。

3. 催生组织再造

贵州省"三变"改革较好地实现了农村土地流转与集体经济组织变革的协同推进，是一次土地流转改革的重要突破和体制创新，催生了大量的现代化集体经济组织，包括农民专业合作社以及土地股份合作社等，它们承载着大量的资源性资产，为贫困地区脱贫攻坚提供发展动力，而非以往的空壳经济组织，在土地流转过程中无处发力。"三变"改革政策下的土地流转过程是将新型经济组织中的资源性资产有效盘活，进行股份化的量化，促进股权结构调整和股权市场交易。国家扶贫资源自上而下的持续补给与农村土地流转规模化为地方建立生产基地和产业园区奠定基础，多种类型的地方特色和优势产业项目落地，资源集聚效应和叠加效应显著，有助于实现经济社会效益最大化的发展目标。农村组织再造的过程离不开农民的广泛参与，他们以资源折股而成为股份农民，进而参与到土地经营方式变革和土地收益方式革新的过程中来，较快提升了贫困地区农民的组织化水平和土地利用的集约化程度。

4. 构建产销体系

发展产业脱贫一批是当前精准扶贫战略"五个一批"的基本内容，也是激活贫困地区发展动力的重要方式，更是挖掘地方优势资源的根本路径。贵州省"三变"改革通过规模化的土地流转，为产业布局提供了较多的建设用地和市场机会，营造了良好的市场交易环境，依托各地的现有资源状况，大力调整农业产业结构，重点发展以中草药产业、茶叶产业、生态旅游产业、果树种植产业为主的特色项目，积极推进"一县一业"特色优势产业发展，着重打造基础设施完备、管理技术先进、市场销路广阔的现代化产业园区，生产适销对路的高质量产品，创建产业经营品牌，形成独具特色的地区产业生产体系。贵州省不断拓展产品销售渠道，紧抓农产品产销对接，大力推进旅游扶贫、电商扶贫和冷链物流体系建设，瞄准不同类型的消费者群体，采取多元化的产品销售方式，搭建农产品销售平台和网络，延展产品销售的本地市场和外地市场，努力构建完善的产销一体化经营体系。

5. 优化乡村治理

贵州省六盘水市在实施"三变"改革过程中，通过将集体资源、闲置资产以及财政资金入股等方式，进一步提高村级组织在"三变"改革中统筹服务能力和村级组织治理能力。一是健全了乡村治理领导体系。组建了50个联村党委，构建了乡镇党委—联村党委—村党组织三个层级的乡村治理领导体系。二是完善了乡村治理结构。完善了联村党委领导下的多种经济组织合作的乡村治理结构，变内化式管理和外向型管理结合，形成村集体与市场紧密结合、党的领导与各种经济组织和农民的衔接互动的社会治理体系。三是推进了治理方式现代化。"三变"改革通过"联产联业、联股联心"，让农户专心发展产业，改变农民生活方式、生产方式和思维方式，推进治理方式现代化。盘州市按照基础设施连建、水体河道连治、垃圾污水连处、扶贫产业连片、美丽乡村连线、基层组织连手、党员干部连心"七连思路"，整合一切资源要素、财力物力、工作力量向农村倾斜，实施集中连片开发、整乡整村推进，努力实现水电路、村寨房、山水林、产供销、农旅文"五个一体化"，8个试点村已实现"三个合一"目标，即贫困村出列与小康村达标合一、现代农业与全域旅游合一、人居环境整治和人文素质提升合一。在发展农民股份合作的过程中，六盘水市涌现出了许多以农民合作社、农业龙头企业等致富带头人为主的新型农民。2014 年至 2016 年，共开展新型农民培训 99.6 万人次，2455 户 5029 人成为农民脱贫致富的带头人。[①]

四、创新脱贫机制的建议

贵州省以"三变"为核心的脱贫机制改革不论是理论上还是实践上皆具备显著的创新性、价值性和超越性特征，是我国农村集体产权制度"自下而上"的一次历史革命，具有鲜明的时代特色和重要意义。"三变"改革在繁育集体经济、助力脱贫攻坚、促进乡村治理等方面

---

① 罗凌：《再造与重构：贵州六盘水"三变"改革研究》，《贵州社会科学》2016 年第 12 期。

发挥着不可替代的作用，然而在具体实践和操作过程中仍有诸多短板，例如，个体农民的收益风险难以化解、多元主体间的矛盾协调不畅等，这就需要从多个维度出发，为"三变"改革提供更为精准和可行性的对策建议，以期巩固和提升"三变"改革的扶贫成效。

（一）重建集体经济，切实推动贫困地区脱贫

大力发展村集体经济是精准脱贫的重要基础，也是乡村振兴的重要内容。政策保障是"三变"改革顺利推进最为重要的制度化支持，所以，一是要强化顶层政策安排和制度设计，完善有关股权交易、土地流转的配套政策，不断激活地区发展动力。加强资金使用和管理制度建设，保障国家扶贫资金的规范使用和合理配置。二是要大力推进盘活农村资源的进程。完善土地流转的政策保障，确定适度的流转规模，不求超大规模，只求发展质量。还要为土地在流转过程中的增值创造条件，要加强产业链建设，提高产品附加值，切实增加农民的资产性收益。三是要坚持把产业扶贫作为主攻方向，将产业扶持融入易地扶贫搬迁、生态补偿扶贫、教育医疗扶贫、基础设施扶贫等领域，不断推进资源变资产、资金变股金、农民变股东的"三变"改革，有效增强贫困地区的"造血"能力。四是要不断完善金融机构贷款机制，破解资金调配难题。积极探索通过农村承包土地经营权抵押、各类财政补贴资金质押、政府性担保公司担保等方式组合运用，最大限度降低信贷门槛，提升贷款额度，扎实推进金融扶贫工作有序开展。

（二）再造社区组织，强化新型农业经营主体发展

培育和创造新型农业经营主体是实现农村社会经济持续发展的重要途径，也是提升基层社会组织化水平的重要载体。首先，鼓励政府扶贫项目资金、社会组织资金、工商业经营资金、农村闲散资金（农户投资）等投资土地流转和产业项目，成立以农民专业合作社、公司、产业园区等重要载体为依托的各类经济组织。其次，重构支持网络，创建多元主体协作平台。"三变"改革的顺利推进离不开农村多元主体的互助协作，在此过程中能够实现资源优化配置、信息互通共享的预期目标。还要处理好农民与新型农业经营主体的关系，以防在应对生产经营风险与进行利益分配时出现非预期后果。再次，通过成立企业家协会、龙头企业或新型经营主体带头人联谊会、搭建企业家培训提升平台、鼓励围绕区域优势特色产业成立产业联盟等方式，优化对新型经营主体带头人的培训提升机制，[①]与农林高校建立合作关系，聘任产业发展顾问，邀请技术专家进行实地辅导教学。最后，积极改善地区发展环境。拓展资源融合渠道，延伸资源配置路径，推动离土离乡的农民回流，为有志青年返乡就业创业创造条件，培育和发展本地人才，为农村富余劳动力提供合适的工作岗位。

（三）优化治理结构，促进现代化治理体系建设

基层社区治理结构的优化是构建现代化治理体系的重要基础和前提，也是提升基层社会治理能力的必然要求。一是要夯实基层党组织的治理基础，提升基层组织治理能力和法治化工作水平，以现代化的社区治理理念引领实践，构建完善的社区治理体系。二是要不断营造社区自治空间。农民作为基层农村社区重要的治理主体，其自治意识和自治能力的提升深刻影响着社区自治水平，要不断开拓农民参与社区自治的渠道和路径，为农民建言献策创造机会并提供平台。三是要鼓励多元主体参与社区治理。在基层社区建立相应的激励机制，以推

---

① 姜长云、芦千文：《贵州六盘水乡村"三变"改革实践经验及后续完善建议》，《西部论坛》2018年第3期。

动农民、社区自治组织、志愿者团体等多元主体参与社区公共事务的决策，提升社区公共物品和公共服务供给能力，不断开拓和挖掘社区治理资源，以期实现基层农村社区的"善治"。四是要制定社区公共规范。利用乡规民约等文化治理工具规范个体行为，以社会主义核心价值观进行引导，有效协调和处理农民间的社会关系，大力推动乡风淳朴、秩序协调、治理有效的新型农村社区建设。

（四）强化风险防范，建构全方位的保障机制体系

"三变"改革背后隐藏着农民土地承包经营权的实现方式和连锁效应包含的极大风险，最为本质的就是土地问题，[①] 这就亟须建构起全方位的风险防范体系和社会保障体系。一是要切实防范投资收益风险。投资风险的非预期性以及资本收益的不稳定性使得土地流转背后隐藏着诸多风险，尤其是对工商业资本下乡所带来的风险要尤为重视，因为此类资本的运作目标是最大限度获取利润和占有资源，以致严重挤压了农民的收益空间。二是要建立经营风险补偿机制。政府应探索建立风险补偿保障金制度，对由于各种风险因素导致参与"三变"改革的农民收益严重减少以至于不能满足最低生活要求时，应由政府发放最低生活保障金。[②] 三是要建立利益纠纷调解机制。制定标准化的利益分配规则，拓宽利益诉求表达渠道，明确股份合作过程中的监督主体，加强对资金使用和人员配置的制度化建设，推进动态性的监督体系建设。四是要不断完善风险预警机制和危机应对机制。有效降低风险事

---

① 张建、孙兆霞：《农户土地经营权实现方式与减贫发展——G省P市"三变"实践张力试析》，《南京农业大学学报（社会科学版）》2018年第3期。
② 孔令刚、蒋晓岚：《农村"三变"改革目标、问题与难点突破》，《地方财政研究》2017年第7期。

件发生所带来的各类损失，保障农村社会的秩序稳定和运行有序。

（五）完善股权结构，保障股权架构稳固运行

"三变"改革的股权化模式作为一种新型农村股份合作方式，主要有出资方式和股份确认、决策管理和监督机制、收益分配和风险承担、股权流转和退股机制等四个方面，[①] 其在实际运行过程中仍存在一些问题，主要包括入股资产价值评估随意，不利于实现入股公平；管理、监督缺位，不利于实现农民股东权能；股份配比未兼顾管理层激励，不利于稳定管理团队；股权转让和退出不畅，不利于提升股权价值；土地类资源存在减损风险，股权架构缺乏风险应对；农民股东履权能力意识不足，政府引领可持续性弱。可以通过以下方式完善股权结构，保障股权架构稳固运行，一是加快建设规范、专业、独立的资产评估体系；二是细化落实集体、农民股东的经营决策和监督权；三是建立管理层股份激励制度，防范人才流失；四是建立"三变"股权登记、交易机制，畅通股权转退；五是建立"三变"资产监管机制，动态监测入股资产；六是加强集体、农民"三变"知识培育，提升股东履职能力。[②]

---

① 刘琴、周真刚：《农村"三变"改革的股权架构解析——以贵州六盘水为例》，《广西民族大学学报（哲学社会科学版）》2018 年第 3 期。

② 刘琴、周真刚：《"三变"改革股权架构的现实困境与路径选择——基于贵州省六盘水市的调查》，《北方民族大学学报（哲学社会科学版）》2018 年第 3 期。

第六章

社会扶贫创新

社会扶贫是促进贫困地区经济发展、推进扶贫开发工作顺利进行的重要扶贫方式之一。社会扶贫能够凝聚社会资源，释放社会潜力，充分发挥定点扶贫、东西部协作扶贫、军队和武警部队扶贫的作用，广泛动员社会企业、非营利组织、公民个人等社会多元力量共同参与，有助于打赢脱贫攻坚战，促进经济稳定发展。贵州省始终把坚持社会扶贫作为扶贫开发工作中的一项重要任务，着力抓好定点扶贫、对口扶贫、集团帮扶、社会帮扶等工作，努力构建专项扶贫、行业扶贫和社会扶贫"三位一体"的大扶贫格局。

一、社会扶贫的意义

社会扶贫是指动员和组织一切社会力量来开展相关扶贫活动以及扶贫行动。与政府扶贫相比，社会扶贫目标具体、方法创新、资源广泛、形式多样且适应性强。社会扶贫的多种优势促使其成为政府扶贫开发的重要组成部分。[①]

社会扶贫作为脱贫攻坚进程中的重要力量，在弥补市场失灵与政府失效、提升社会治理水平、解决扶贫新阶段新问题等方面具有重要作用。社会扶贫践行着共同富裕的社会主义本质要求，体现了社会主

---

① 杜双燕：《新一轮西部大开发背景下贵州社会扶贫的机遇和挑战》，《理论与当代》2011 年第 2 期。

义制度的优越性，并顺应新时代脱贫攻坚工作的发展需求，这为实现精准脱贫、打赢脱贫攻坚战奠定了良好的基础。

（一）弥补市场失灵与政府失效

随着市场经济的建立与发展，原本由政府占据社会资源配置主导地位的状况逐渐发生变化，市场逐渐开始掌控与分配社会资源。而仅仅依靠市场来进行资源配置，容易出现市场失灵的问题。政府和市场共同配置社会资源的方式能够解决市场失灵问题。但是这种方式也存在一定的缺陷，即容易导致市场失灵与政府失效问题同时产生。为了解决此问题，需要借助社会的力量。社会在解决资源配置中市场失灵以及政府失效的问题方面发挥着重要作用。在脱贫攻坚工作的推进过程中，单纯地依靠市场力量容易导致贫困地区基础性公共设施与公共服务无法满足贫困群体的需求，贫困群体难以共享公共服务发展成果。而过度依靠政府干预容易加剧资源配置不当的问题，更难以解决市场失灵这一问题。因此，在扶贫开发进程中，需要建立政府、市场与社会共同参与且有效分工的扶贫体系，社会扶贫则是弥补市场失灵与政府失效的必然选择。

（二）提升社会治理水平

社会扶贫是社会治理的重要议题，对于提高社会治理水平具有重要作用。坚决维护最广大人民的利益，增加社会发展活力，维持社会安定有序是完善社会治理的必然选择与内在要求。社会扶贫的目标与完善社会治理体系的内在要求具有一致性。党的十八届三中全会强调了"社会治理"这一执政理念。这一执政理念是我国由原来单一主体管理模式向多元主体治理模式转变的重要标志，即除了政府以外，社会、公民以及组织都是国家治理的参与者。在脱贫攻坚的发展进程中，脱贫并不单单是政府的责任，且不能过度依赖政府单一主体的扶贫行动，而是需要广泛动员社会力量参与，依靠社会多元主体的参与与合作。社会扶贫的过程是多元扶贫主体依据自身优势采取多样化扶贫方式的过程，其涉及社会多元主体，且能够有效解决贫困问题。社会扶贫的方式方法对于完善目前扶贫方式具有重要意义，这也与完善社会治理体系和治理结构相契合。

（三）体现社会主义制度优越性

社会扶贫工作的开展体现了社会主义制度的优越性。习近平总书记指出，"贫穷不是社会主义。如果贫困地区长期贫困，面貌长期得不到改变，群众生活长期得不到明显提高，那就没有体现我国社会主义制度的优越性，那也不是社会主义"。这也进一步论述了消灭贫穷，消除两极分化，不断提高人民群众的生活水平，最终实现共同富裕是中国社会主义制度优越性的重要体现，这也是对邓小平同志关于社会主义本质理论论断的继承与发展。在打赢脱贫攻坚战的进程中，开展社会扶贫，挖掘社会潜力，让贫困地区以及贫困人口共享改革发展成果，实现精准扶贫、脱贫攻坚的目标，加快实现共同富裕和全面建成小康社会，正是社会主义制度优越性的重要体现。

（四）顺应脱贫攻坚新特点

社会扶贫工作的开展顺应了新时期脱贫攻坚的新特点与新要求。我国扶贫开发工作面对实现脱贫目标的任务艰巨、传统减贫方式扶贫效果递减等问题，而且贫困人口"小聚集、大分散"，致贫原因复杂多样，贫困状况的动态变化性强等状况，都对扶贫工作提出比以往更高的要求。① 所以仅仅依靠政府单一力量难以应对如此之大的挑战，需要整合社会力量，广泛动员社会多元主体参与共同开展社会扶贫。尤其在贵州省，武陵山、乌蒙山、滇桂黔石漠化三个片区 66 个贫困县及其下属的极贫乡镇、深度贫困村，都是打赢脱贫攻坚战最难啃的 "硬骨头"。这些地区自然条件差、基础设施落后、文化教育滞后，导致实现脱贫攻坚的目标缺乏强有力支撑。贵州脱贫攻坚任务的艰巨性要求必须广泛动员社会力量参与扶贫。

二、社会扶贫的发展状况及政策安排

贵州省始终将社会扶贫作为扶贫开发中的一项重要工作，并不断探索与创新社会扶贫方式，开创党建扶贫的先河，同时在全省构建起定点扶贫、东西部协作、企业帮扶、社会组织以及社会公众参与扶贫的社会扶贫网络体系，推动社会各方力量之间有效分工与合作，加快了贫困地区及贫困对象脱贫步伐。为了确保社会扶贫工作的顺利实施，贵州省结合本省贫困地区及贫困人口的实际情况，出台了一系列相关政策制度，为贵州省社会扶贫工作的开展提供了政策依据与政策保障，有效规范社会扶贫行动，同时也促使社会扶贫工作取得显著成效。

（一）贵州社会扶贫的发展状况

贵州省的社会扶贫起源于 1985 年。自 1985 年开始，贵州省第一批大学生、省直机关工作人员下乡扶贫，也有一些其他省份帮扶，1986 年开始开展定点扶贫。贵州省社会扶贫的雏形源于 1994 年中央统战部、各民主党派、全国工商联与毕节地区各县市建立了定点支边

---

① 仲德涛：《精准扶贫中的社会扶贫论析》，《理论学刊》2018 年第 4 期。

扶贫制度。到 1996 年，国务院办公厅下发文件，指定大连、青岛、深圳、宁波四个计划单列市对口帮扶贵州省，标志着贵州省正式开始社会扶贫。贵州省在社会扶贫工作方面进行了大量的探索与实践，以最大的亮点——党建扶贫为代表，同时也包含定点扶贫、东西扶贫、企业帮扶、社会组织帮扶等多种社会扶贫方式，且各种社会扶贫形式发挥了自身特有的人才、资金、资源以及组织等优势，形成社会扶贫合力，并取得显著效果。[1]

20 世纪 80 年代，贵州省首创了党建扶贫模式。党建扶贫为脱贫攻坚工作的开展提供了重要的组织保障。在初期阶段，贵州省党建扶贫主要表现为农村地区的党组织带领村民采取各种措施缓解人地矛盾，提升农业生产率，推动农村经济发展，进而缓解农村贫困问题。在精准扶贫和精准脱贫时期，党组织成为扶贫脱贫的中坚力量。贵州省在 2011—2020 年新一轮党建扶贫工作中，提出"四帮四促"工作，并明确 94 家省直单位对全省 88 个县（市、区、特困地区）进行整体挂钩联系帮扶，一定 3 年，不脱贫、不脱钩。同时派出"四帮四促"工作小组，督察督办、协调处理扶贫开发中的重要问题。2013 年，贵州省委加大"干部驻村"工作力度，紧密结合全省以县为单位开展"同步小康创建活动"，按照 5 人一组的标准共选派 3 万人，成队建制组成工作组，选定 6000 个村集中帮扶，工作组吃住、工作全部在村。2015 年，贵州省"因村派人精准"，在全省范围内选派第一书记，覆盖所有贫困村和党组织软弱涣散村。贵州省在以往"党建＋扶贫"模式的基

---

① 杜双燕：《新一轮西部大开发背景下贵州社会扶贫的机遇和挑战》，《理论与当代》2011 年第 2 期。

础上，采取多种措施，不断强化与推进党建扶贫。①

贵州省贯彻落实中央对社会扶贫的要求，构建起企业扶贫、社会组织扶贫、中央定点帮扶与东西部扶贫协作"四位一体"的立体式社会扶贫格局，并形成了民营企业"包县"、企业与社会组织合作通过产业项目振兴农村内生动力和社会机能的"智力众筹用社会团结促进脱贫"的模式和以"扶智"为特色的社会组织扶贫模式等多种具有特色的扶贫模式，推动贵州省贫困区域逐步脱贫，并实现可持续性发展。②

到 2018 年，贵州社会扶贫已经初步形成一定的规模，并取得显著成效。第一，中直单位对贵州省扶贫开发工作重点县实现全覆盖。38 个中央单位定点帮扶贵州省 50 个扶贫开发工作重点县；8 个东部发达城市对口帮扶贵州 8 个市（州）；36 名在职省领导定点联系帮扶 37 个贫困县和极贫乡镇。第二，推进全省同步小康干部驻村工作。228 家省直单位定点扶贫全省 84 个县，每年选派干部到贫困村驻村帮扶，已经实现贫困村全覆盖。同时，贵阳市在原有结对帮扶的基础上进一步加大对外帮扶力度。第三，开展国有企业结对帮扶贫困县整县脱贫行动。2015 年，21 家国有企业结对帮扶 20 个扶贫开发任务重的贫困县，实现了 14 个深度贫困县国有企业结对帮扶全覆盖。第四，引导和动员民营企业参与脱贫攻坚。开展"民营企业对口帮扶整县脱贫行动"，通过引进项目形成扶贫效益。开展民营企业"千企帮千村"行动，实现 4091 家民营企业结对帮扶 4221 个贫困村，投入产业扶贫项目资金 135.6 亿元、公益项目资金 37.3 亿元。第五，通过"扶贫日"，动员社会力量参与扶贫活动。自 2014 年开始，贵州省连续牵头策划与组织了

---

①② 王春光：《贵州省脱贫攻坚及可持续发展研究》,《贵州民族大学学报（哲学社会科学版）》2018 年第 3 期。

四次"扶贫日"贵州省系列活动，在全省范围内开展捐赠与认捐活动，共筹集资金以及物资折款共计 75.53 亿元。第六，利用网络动员支持社会组织以及个人参与扶贫活动。从 2017 年底，贵州省在全省推广和应用"中国社会扶贫网"，通过互联网，促使社会各界爱心人士与贫困群众实现点对点的精准帮扶。[①]

（二）贵州社会扶贫的政策安排

贵州省重视社会扶贫在扶贫开发工作中的重要作用，在国家社会扶贫政策顶层设计与制度安排的指导下，结合贵州省实际情况制定具有贵州特色的社会扶贫政策制度。

2015 年 10 月 16 日，贵州省委、省政府出台了《关于坚决打赢扶贫攻坚战确保同步全面建成小康社会的决定》（以下简称《决定》）。该《决定》指出，要大力实施精准扶贫精准脱贫"十项行动"。随后出台相应的配套政策文件，如有关社会扶贫领域的相关文件《关于进一步动员社会力量对贫困村实行包干扶贫的实施方案》以及《关于充分发挥各级党组织战斗堡垒作用和共产党员先锋模范作用推进精准扶贫的实施意见》。其中第八项行动是实施社会力量包干扶贫行动。用好对口帮扶力量，用好各类企业力量，建立社会公益企业认定制度，用好社会各界力量，坚持自我发力与向外借力并举，加快形成专项扶贫、行业扶贫、社会扶贫有机结合、互为支撑的"三位一体"大扶贫格局，聚合各类资源实现与全省 9000 个贫困村"一对一"帮扶全覆盖。第十项行动是实施党建扶贫行动。坚持以党建带扶贫、以扶贫促党建，大力开展集团帮扶，健全完善各级党政机关和领导干部联乡驻村包户责

---

① 《实现多个全覆盖 贵州省"社会扶贫"硕果累累》，http://www.chinaguizhou.gov.cn/system/2018/10/12/016854154.shtml，2018 年 10 月 12 日。

任制，规范选派优秀干部到定点县挂职扶贫，建好服务型、发展型党组织，提高基层党组织在扶贫开发中的领导力和战斗力，坚持因村派人、强化责任，选好配强贫困村第一书记，坚持重心下移、结对到户，优化驻村干部配备，大力发展村级集体经济，健全贫困村以财政投入为主的经费稳定保障制度。①

2015 年 11 月 10 日，贵州省出台《关于进一步动员社会力量对贫困村实行包干扶贫的实施方案》，明确指出把全省 9000 个贫困村作为帮扶对象，搭建社会力量参与扶贫开发的新平台，广泛动员社会各方面力量，认领帮扶贫困村，开展点对点精准包干扶贫，实现社会力量对贫困村帮扶全覆盖。推动贫困村多渠道、多类型、多元化发展，实现扶持一村、脱贫一村、致富一村，形成全社会共同推动贫困村脱贫奔小康格局。②

2015 年 11 月 10 日，贵州省出台的《关于充分发挥各级党组织战斗堡垒作用和共产党员先锋模范作用推进精准扶贫的实施意见》指出，坚持"党建带扶贫，扶贫促党建"，大力加强发展型服务型党组织建设，充分发挥基层党组织在精准扶贫攻坚中的战斗堡垒作用，激发和调动党员干部的内在活力，最大限度凝聚精准扶贫正能量。③

2016 年 9 月，贵州省委组织部制定了《抓党建促脱贫攻坚十项行

① 《中共贵州省委、贵州省人民政府关于坚决打赢扶贫攻坚战确保同步全面建成小康社会的决定》，http://www.gzza.gov.cn/ztzl/tpgjzl/sjzc/201612/t20161227_1578544.html，2016 年 12 月 27 日。
② 《关于进一步动员社会力量对贫困村实行包干扶贫的实施方案》，http://www.gywb.cn/content/2015-11/10/content_4122005.htm，2015 年 11 月 10 日。
③ 《关于充分发挥各级党组织战斗堡垒作用和共产党员先锋模范作用推进精准扶贫的实施意见》，http://www.gywb.cn/content/2015-11/10/content_4121945.htm，2015 年 11 月 10 日。

动计划》，包括责任落实行动计划、建强堡垒行动计划、素质提升行动计划、人才聚集行动计划、补齐短板行动计划、示范引领行动计划、督查评估行动计划、基础保障行动计划、关心关爱行动计划和完善机制行动计划。①

2017年2月14日，贵州省出台的《贵州省"十三五"脱贫攻坚专项规划》指出，积极开展社会帮扶脱贫，以政府为主导，聚集社会各方力量，整合社会各类资源，加强国际减贫合作，构建扶贫新格局。强化东西部扶贫协作，开展多层次扶贫协作、就业扶贫合作以及医疗扶贫合作；开展定点扶贫，完善省、市（州）、县三级脱贫包干责任制，建立定点扶贫考核评价机制，积极争取中央选派金融、科技和营销等方面的优秀干部到贵州省贫困地区帮扶；开展企业帮扶，支持设立贫困地区产业投资基金，引导大型国有企业、民营企业开展贫困县整县帮扶，以村企共建为平台，引导和鼓励全省民营企业参与"一对一"包干脱贫计划；加强国际减贫领域交流合作，深化与国际社会组织的合作，积极分享减贫经验，探索国际民间组织参与贵州扶贫开发模式，吸引外资参与扶贫开发。②

2018年5月7日，贵州省扶贫开发领导小组印发《贵州省省直单位定点扶贫工作考核办法（试行）》。为了通过考核进一步压实省直单位的帮扶责任，切实帮助定点扶贫县如期完成脱贫攻坚任务，对承担定点扶贫任务的省直机关、企事业单位、人民团体和中央在黔单位，

① 《贵州省出台〈抓党建促脱贫攻坚十项行动计划〉》，http://www.gywb.cn/content/2016-10/17/content_5337261.htm，2016年10月17日。
② 《贵州省"十三五"脱贫攻坚专项规划》，http://www.gzgov.gov.cn/xxgk/zdlyxx/fptp/201709/t20170928_1068650.html，2017年9月28日。

通过考核组织领导、工作成效、选派干部、履职情况、工作创新等五个方面内容考评定点扶贫单位年度工作情况及成效，并按照"单位总结、分类考核、综合评议"的考核程序将考核结果分为"优秀、达标、不达标"三个等次。

2018年9月，贵州省民政厅、贵州省扶贫办联合印发《进一步动员社会组织参与脱贫攻坚实施方案》，进一步广泛动员全省社会组织积极参与脱贫攻坚，助推全省贫困地区和贫困群众2020年同步全面小康，坚决打赢脱贫攻坚战。坚持"自愿参与、精准扶贫、综合帮扶、形式多样"的帮扶原则，明确社会组织参与脱贫攻坚的主要目标，重点开展产业扶贫、智力扶贫、健康扶贫、易地扶贫搬迁、商贸帮扶、捐赠帮扶、志愿帮扶。

三、社会扶贫的实践举措

在国家以及贵州省地方有关社会扶贫政策的指导下，贵州省进行了一系列社会扶贫工作的实践探索，注重动员社会各扶贫主体力量，发挥各扶贫主体的扶贫优势，不断创新社会扶贫方式，采取多样化的扶贫措施，增强社会扶贫工作效果。例如，实行包干扶贫贫困村的措施，结成包干扶贫结对关系，明确包干扶贫措施，推动政府以及企业等力量参与扶贫，助力脱贫攻坚；抓党建促脱贫，通过党建示范引领作用带动群众发展积极性，帮助贫困群众脱贫致富；加大定点扶贫工作力度，创新定点扶贫方式，结合定点扶贫单位优势，满足贫困地区脱贫需求；深化东西部扶贫协作，将东部地区资金、技术、人力、市场等优势与贵州省资源优势相结合，促使对口帮扶工作取得良好成效；推进企业扶贫工作，增强企业社会责任感，调动企业参与扶贫的积极性，推动贫困地区产业发展。

1.实行包干扶贫贫困村

首先，明确包干扶贫结对关系，其主要体现在三个方面。第一，建立省、市（州）、县三级包干扶贫贫困村责任制，省、市、县三级党政机关、事业单位、人民团体、大中专院校分别按"2∶1∶1"的标准包干扶贫贫困村。第二，引导企业开展企业包干扶贫贫困村活动。例如，在原有12家国有企业整县帮扶12个贫困县的基础上，动员100家以上国有企业积极参与包干扶贫贫困村活动，每个企业结对包干扶贫2个贫困村。同时积极推动民营企业参与扶贫。以村企共建为平台，选择1000家民营企业与1000个贫困村进行"一对一"结对包干扶贫。第三，争取中直单位、对口帮扶城市、各民主党派及驻黔部队参与包干扶贫贫困村。如：争取定点扶贫贵州省的32个中央单位（企业）分别结对包干扶贫5个贫困村等。

其次，规定包干扶贫主要措施。包干扶贫单位可以通过直接投入，解决贫困地区生产生活问题；发挥产业扶贫带动贫困群体脱贫的重要作用，培养当地主导优势特色产业，增加贫困群众收入，并要求包干扶贫单位与贫困群众建立利益联结机制，增加贫困群众的收入；注重贫困群众素质培养，进行创业就业等技术培训，提升其就业能力，实现劳动力转移就业；抓好基层班子建设，提升基层干部服务群众的能力。[①]

2.抓党建促脱贫攻坚

首先，构建融目标、责任、评价为一体的工作体系。以问题为导

[①]《关于进一步动员社会力量对贫困村实行包干扶贫的实施方案》，http://www.zunyi.gov.cn/fpkfxxw/zcwj/201512/t20151216_375249.html，2015年12月16日。

向，关注贫困群体生产生活状况，发展集体经济，推动扶贫政策的落实。实施责任落实、示范引领以及督查评估行动计划。[①]

其次，发挥各级党组织在脱贫攻坚中的战斗堡垒作用和党员的先锋模范作用。通过"党带群、强带弱、富带贫""三带"工作机制，强化党组织以及党员的作用。加强发展型服务型党组织建设，强化党组织的服务功能，开展便民服务。发挥党员干部的示范带头作用，开展入户调查，加强培训，增强精准扶贫攻坚能力，通过党员干部将贫困群众动员起来，组织社会各界力量参与进来，增强脱贫攻坚的合力，促进农村群众增收致富。

最后，加强人才素质培养。选派优秀党员志愿服务人才，培养与锻炼基层干部，引进专业技术人才，加强人才素质培训，发挥党员、基层干部以及优秀人才的主力军作用，充分调动地方群众发挥积极性，激发贫困地区干部群众的内生动力。[②]

3. 加大定点扶贫工作力度

首先，完善定点扶贫定期沟通和联络机制。加强定点扶贫地区与定点扶贫单位之间的沟通联系工作，建立健全中央国家机关和央企定点帮扶工作定期联席会议、观摩学习等制度，保持高层往来，针对脱贫工作进展状况以及面临的问题及时密切沟通、联系，强化合作关系，并争取资源。

其次，创新定点扶贫工作机制。坚持以"合作共赢"的方式开展

---

① 《贵州省出台〈抓党建促脱贫攻坚十项行动计划〉明确33项具体措施，进一步细化"责任状""任务书"》，http://gz.people.com.cn/n2/2016/1017/c194827-29152590.html，2016年10月17日。

② 《党建扶贫重在强化基层党组织带头作用》，http://www.sohu.com/a/132475753_390034，2017年4月7日。

定点扶贫，将定点扶贫与项目开发结合起来，充分发挥中央单位的职能优势，为定点扶贫县做好资源、项目、产业的规划、宣传、推介，帮助引进大企业、大项目，抓好产业转移和人才交流培训。以开发的方式带动定点扶贫县资源、产业开发，增加贫困群众的劳务收入，形成扶贫开发双赢局面。[1]

最后，转变定点扶贫工作理念。定点扶贫地区要结合自身脱贫需求以及帮扶单位的特点，通过制定相关规划或年度工作计划，借助定点扶贫工作契机，引导定点扶贫单位的政策、资金、项目等向贵州省贫困地区和贫困群众倾斜，并通过引入的信息、技术、智力、人才等资源要素，实现定点扶贫从"输血式"扶贫向"造血式"扶贫转变。

4. 深化东西部扶贫协作工作

首先，重视东西部扶贫协作工作。中央明确上海、大连、苏州、杭州、宁波、青岛、广州、深圳等8个经济发达城市对口帮扶贵州除贵阳以外的8个市（州）的对口帮扶工作后，贵州省主动加强与对口帮扶城市的合作交流，找准切入点，将东部资本与贵州资源两种优势相结合，积极开展扶贫协作工作。

其次，拓展对口帮扶工作领域。围绕经济协作、脱贫攻坚、园区共建、职业教育、人才交流、引企入黔、文化旅游等重点领域，加强受帮扶地区与对口帮扶城市的交流合作。[2] 推动教育医疗帮扶，推广"组团式"帮扶等经验。扩大结对帮扶覆盖范围，争取所有深度贫困村

---

[1] 贵州省扶贫开发办公室：《关于进一步做好中央单位定点扶贫工作的通知》（黔扶通〔2018〕8号），2018年3月27日。

[2] 《国家新一轮对口帮扶贵州工作启动》，http://www.gzgov.gov.cn/xwdt/jrgz/201709/t20170925_876198.html，2017年9月25日。

都有东部帮扶省市的街道、社区、村或企业等结对帮扶。

最后，创新扶贫协作工作模式。深入研究对口帮扶地区的产业结构、企业状况、市场需求等情况，实施产业协作，增强贫困地区"造血"能力。有效对接市场需求，将"黔货"打入东部消费市场。重视劳动力培训，转变思想观念，提高就业技能，实现劳务协作，增加贫困劳动力的收入。重视扶贫协作工作的考核，确保帮扶工作取得成效。[①]

5. 推进企业扶贫工作

动员企业力量参与扶贫，发挥企业在脱贫攻坚中的作用。实施"千企帮千村"，综合运用产业扶贫、智力扶贫、就业扶贫等多种扶贫方式，将民营企业资本、技术以及人才等资源与贫困地区的土地、劳动力以及特色优势资源相结合，增加贫困群众的经济收入，同时也促使企业发展，实现扶贫对象与扶贫主体间合作互赢。[②] 企业开展扶贫行动，有助于将自身产业资源优势与贫困村的脱贫需求有效对接，共建地方与企业合作发展平台。实施产业兴农的举措，促使更多农户参与产业化经营，探索精准扶贫、精准脱贫的新路径，有助于早日实现全面建成小康社会的目标。例如，民营企业重点关注深度贫困县、乡镇、村以及贫困群众，选准扶贫路径，精准运用扶贫资金，实时了解扶贫帮扶效果，确保扶贫取得成效。截至 2018 年 6 月，贵州省共有 4091 家民营企业结对帮扶 4221 个贫困村，帮扶资金 185 亿元，惠及贫困人

---

① 《贵州：扎实抓好东西部扶贫协作工作　大力推动"黔货出山"》，http://www.guizhou.gov.cn/xwdt/jrgz/201811/t20181123_1912090.html。

② 《贵州：企业同心　致富同行"千企帮千村"精准扶贫》，http://www.gzgov.gov.cn/xwdt/rmyd/201801/t20180109_1089983.html。

口 95.8 万。①

四、社会扶贫的经验与启示

经过不断的实践与探索，贵州省社会扶贫工作取得了明显成效，积累了不少成功的经验。如：坚持政府对社会扶贫的引导，通过政府的鼓励与支持，促使社会多元主体积极参与扶贫工作，并推动社会扶贫的规范化；发挥党建的引领作用，通过党建凝聚扶贫合力，创新党建扶贫方式，将党组织的政治优势与组织优势转化为脱贫发展的资源优势；重视"造血式"扶贫方式，为贫困地区引进技术、信息、人才等资源，激发贫困群体的内生动力，增强脱贫的可持续性；完善社会扶贫运行机制，形成从动员、实施到考评的一系列完整的体系，确保社会扶贫工作的顺利开展；推动内部发力与外部借力相结合，形成内外合力，整合各方力量与资源，打赢脱贫攻坚战。

（一）坚持政府对社会扶贫的引导

社会扶贫工作的顺利开展离不开政府的引导。首先，目前作为社会扶贫重要方式的定点扶贫和东西部扶贫协作仍然是由政府所主导的。在贵州社会扶贫的过程中定点扶贫以及东西部扶贫协作占据着重要地位，并形成了对口帮扶单位与城市同贫困地区密切往来、合作共赢的局面。其次，政府的鼓励和引导提升了社会扶贫各主体参与扶贫的积极性与主动性。贵州市出台一系列动员社会力量参与扶贫的举措，并对各主体参与扶贫提供一系列的政策支持与保障。例如，针对企业参与扶贫的相关政策措施，建立扶贫社会公益企业认定制度，对吸纳贫

---

① 《全省民营企业"千企帮千村"精准扶贫行动工作推进会召开》，http://www.gzxw.gov.cn/Szyw/Snyw/304656.html，2018 年 8 月 11 日。

困人口就业的企业给予税收优惠、社会保险补贴、职业培训补贴、信贷支持等政策，落实企业和个人扶贫捐赠税前抵扣政策。多种举措增强了企业参与扶贫的积极性与主动性，推动企业包干扶贫贫困县或贫困村，加快贫困地区以及贫困群众摆脱贫困的步伐。最后，政府对社会扶贫的监管与引导，推动社会扶贫的规范化与法治化发展。贵州省制定了一系列的扶贫监督考核政策，并及时督查落实扶贫工作开展情况，合理运用督查结果，有效地规范了扶贫主体的扶贫行为，并实现预期的扶贫效果。

（二）发挥党建的引领作用

坚持党建引领扶贫，形成党建与扶贫的良性互动，创新扶贫的方式方法，将党组织的政治优势与组织优势转化为扶贫发展以及经济社会发展的优势，助力打赢脱贫攻坚战。党建扶贫是贵州社会扶贫的最大亮点。首先，通过党建凝聚扶贫合力。贵州省通过发挥党的核心引领作用，创新基层党建工作，建强基层党组织，筑牢基层战斗堡垒；调动基层党员干部的主动性与积极性，实现党组织、党的工作在农村的全覆盖；选派优秀干部、第一书记以及专业人才，为贫困地区扶贫工作提供人才支持；发挥党员干部带动作用，提升基层群众参与扶贫的积极性与主动性，促使基层群众参与脱贫攻坚，形成脱贫攻坚的合力。其次，拓宽党建扶贫的路径。贵州省拓宽"党建+"的扶贫路径，例如，形成"党建＋文化扶贫""党建＋教育扶贫""党建＋科技扶贫""党建＋健康扶贫""党建＋产业扶贫"等扶贫创新方式，发挥党建扶贫的优势，开创扶贫工作新局面。

（三）重视"造血式"扶贫方式

随着社会扶贫的发展，扶贫方式的创新显得越来越重要。传统的社会扶贫主要以物资和资金等内容的直接输入扶贫为主，用来增加贫困地区在基础设施建设、医疗卫生、教育、水利等方面公共物品的供给量，缓解贫困地区公共服务的缺乏问题。而随着扶贫工作的逐步开展，贫困地区、贫困对象的发展需求已经不单单集中在物质方面，而是转向对文化以及精神发展方面的需求。因此，正视贫困地区存在自我发展的内在潜力，提升贫困对象内生发展动力越来越成为现在扶贫的关注重点。原本的"输血式"扶贫已经无法解决此类问题，而"造血式"扶贫则能够很好地解决这些问题。贵州省在社会扶贫工作方面重视各社会扶贫主体在信息、技术、人才以及市场等多种资本要素的输入，改善贫困地区信息缺乏、技术不足等问题，改变原有的资金、物资等资源的单一输入，关注贫困地区精神、文化等扶贫领域，提升贫困群体内生发展动力，进而提升贫困地区的自我发展能力。

（四）完善社会扶贫运行机制

完善的社会扶贫运行机制是社会扶贫取得显著成效的重要保障。首先，强化社会扶贫的动员机制，通过政府帮扶引导，动员市场、社会等多主体参与到扶贫工作中。其次，完善社会扶贫的实施机制，通过一系列的政策与措施保证扶贫项目形成自设计、执行、监督在内的一整套实施与评估体系，确保扶贫项目的长效运转。再次，完善社会扶贫的整合机制，广泛整合社会各方资金、技术、人力等资源，促使凝聚外部资源与优化内部结构相结合，最大限度地发挥资源的优势。最后，建立社会扶贫的考评机制，加强对社会扶贫各主体开展工作的考评，提高社会扶贫的效率。

（五）推动内部发力与外部借力

拓展社会扶贫工作思路，创新社会扶贫工作方式，形成对内挖掘自身优势资源与向外争取外部资源支持的内外结合、共同发力的局面，提高社会扶贫的成效。首先，充分认识自身资源禀赋状况以及脱贫需求，提升自身摆脱贫困的内生动力。其次，与定点扶贫单位、东西部协作扶贫及对口帮扶单位进行有效对接，充分研究帮扶单位的职能职责情况。最后，在帮扶单位的指导下，厘清自身发展思路，转变自身思想观念，从单一地接受帮扶转向互相帮助，从等着上级分配资源再开展工作到正确认知自身脱贫需求而发挥自身能动性，向帮扶单位讲出自己的发展需求，主动争取帮扶单位的支持，形成贫困县（市）与帮扶单位之间良好的协调与配合机制，促使扶贫工作落地落实，真正地发挥出社会扶贫的作用。

第七章

生态扶贫创新

习近平总书记指出："我们既要绿水青山，也要金山银山。宁要绿水青山，不要金山银山，而且绿水青山就是金山银山。"贵州省大力推进生态文明建设，把绿水青山变成金山银山，实现保护生态环境与经济发展的均衡协调。绿水青山是贵州的底色，只有守护好才能带来金山银山。

一、生态扶贫的意义

习近平总书记在贵州考察时明确提出，贵州要守住发展和生态两条底线，贵州把生态底线量化为山青、天蓝、水清、地洁等底线指标。在经济发展中，需要利用自然资源，改造自然环境，但要有度地开发和利用自然资源，同时不能忽视自然规律去改变自然环境，破坏人与自然的和谐关系。绿水青山是贵州省全面发展与生存的根本，顺应自然规律才能拥有金山银山。

生态扶贫的理念为贵州的发展转型提供了契机。2015 年 12 月，《中共中央 国务院关于打赢脱贫攻坚战的决定》指出，要结合生态保护脱贫，国家实施的重大生态工程在项目和资金安排上要进一步向贫困地区倾斜，提高贫困人口参与度和受益水平。2016 年 5 月，国务院出台的《关于健全生态保护补偿机制的意见》中提出，要结合生态保护补偿推进精准脱贫，在生存条件差、生态系统重要、需要保护修复的地区，结合生态环境保护和治理，探索生态脱贫新路子。2017 年 10 月 18 日，习近平总书记在党的十九大报告中指出，坚持人与自然和谐共生，必须树立和践行绿水青山就是金山银山的理念，坚持节约资源和保护环境的基本国策。①

生态扶贫理念对于贵州扶贫工作的创新与推进有重要意义。生态扶贫政策不仅着力于解决贫困问题，同时注重社会与生态环境的可持续发展。将原有的粗放型产业转型为低污染、低消耗的可持续、成长型产业，不仅市场前景广阔，而且能促使社会经济形成良性发展的循环。坚持绿色可持续发展，用生态与旅游、文化、农业和其他产业融合发展，实现创新发展、绿色发展、协同发展，就能实现贵州省扶贫与生态环境保护的双赢。

国家发展改革委、国家林业局、财政部、水利部、农业部、国务院扶贫办六部门共同制定并印发的《生态扶贫工作方案》中，对于生态扶贫作了如下界定：生态扶贫是指在加大对贫困地区、贫困人口的支持力度的同时，部署发挥生态保护在精准扶贫、精准脱贫中的作用，推动贫困地区扶贫开发与生态保护相协调、脱贫致富与可持续发展相促进，使贫困人口从生态保护与修复中得到更多实惠，实现脱贫攻坚与生态文明建设双赢。

因此，生态扶贫指的不仅仅是精准脱贫，同时还包含了生态环境的健康可持续发展，是将扶贫工作与生态环境的保护工作相互结合的科学发展理念。在生态扶贫工作中，同时结合不同产业的发展，包括扶贫与林业、扶贫与旅游业等领域的结合，实现社会与生态环境的健

---

① 《习近平谈新时代坚持和发展中国特色社会主义的基本方略》，新华网。

康发展。

生态扶贫包括生态环境建设扶贫、生态移民扶贫以及生态产业扶贫三种主要实践形式。

生态建设扶贫是生态扶贫工作中的基础层面项目。在农业生产中，效率低下的生产方式和贫困密切相关。粗放的农业经营模式不仅生产力低下，且对环境破坏较大。环境不断破坏与效率低下的生产方式，导致环境持续退化与地区难以摆脱贫困的恶性循环。贵州省的许多区县中，贫困与生态环境退化存在区域上的重合。这些地区既有国家扶贫的计划指标，同时也有生态环境保护的任务。因此，这些区县有生态环境保护建设与脱贫攻坚的双重任务，同时这两个任务也有一致性。将生态环境保护与脱贫攻坚相结合是必然的选择。生态环境建设扶贫一般包括退耕还林、生态保护区建设、防护林地建设等工程。以政府的环境保护项目作为引导，为贫困区域居民提供生态环境建设项目的工作岗位，既为贫困人口提供工作条件与生活补助，同时也扭转了生态环境不断被破坏的非良性循环。[①]生态环境建设扶贫为贫困地区进一步的资源开发与经济发展创造了条件。一方面，生态环境的改善提高了生态资源的总量，使得生态系统更加稳定；另一方面，生态环境建设的项目工程为贫困居民提供了就业岗位，保障了贫困人口的基本生活需求。在此基础上，贫困地区可以以此为契机，推进区域产业结构调整与升级。但同时也应注意到，生态环境保护建设与脱贫攻坚工作虽然具有高度的统一性，但两者的目标与推进形式并非完全一致，存在内在的矛盾。生态建设是长期性的工程，而扶贫项目则需要在相对

---

① 查燕、王惠荣、蔡典雄等：《宁夏生态扶贫现状与发展战略研究》，《中国农业资源与区划》2012年第1期。

较短的时间内完成一定的指标。① 因此，在生态环境建设扶贫的工作中需要留意协调两者之间的矛盾关系，保持两者关系的内在平衡。

生态移民扶贫。由于西部部分地区生态系统较为脆弱，生态环境资源较为匮乏，人口承载力较低，需要通过生态移民的形式扶贫。② 生态移民是指由于区域自然环境恶劣、生态系统脆弱，不具备在当地直接开展扶贫工作的条件，而对当地居民做整体搬迁的工作。③ 生态移民并非单纯将居民迁移至异地，同时还包含了促进居民的社会适应、观念改变以及缓解文化冲突等工作。因此生态移民是居民与自然环境相互关系的重新调整。生态移民工作中有许多困难，例如说服迁移意愿不强的居民、移民就业问题、移民区的整体项目规划等问题。④ 当前的生态移民工作中，需要加大对移民后的居民的帮扶力度，改善移民社区的管理体制，推进生态移民社区的健康发展。总的来说，生态移民既改善了原有的生态环境，又为贫困居民提供了更好的社区环境以及生活条件，为居民创造了脱贫致富的条件。

生态产业扶贫。生态扶贫不仅是保护生态环境，同时也是在保护生态环境的基础上，尽可能地促进经济发展。一般而言，产业扶贫是在生态扶贫的基础工作完成较好的情况下，综合利用生态资源与产业融合的脱贫手段。⑤ 产业扶贫一般应用于生态资源较为丰富、自然环境

① 黄泽海、侯春娥：《自组织理论视阈下构建扶贫开发与生态建设协同创新的组织模式研究》，《湖南社会主义学院学报》2015 年第 1 期。
② 李培林、王晓毅：《移民、扶贫与生态文明建设——宁夏生态移民调研报告》，《宁夏社会科学》2013 年第 3 期。
③ 梁福庆：《中国生态移民研究》，《三峡大学学报（人文社会科学版）》2011 年第 4 期。
④ 周鹏：《中国西部地区生态移民可持续发展研究》，中央民族大学学位论文，2013 年。
⑤ 王振颐：《生态资源富足区生态扶贫与农业产业化扶贫耦合研究》，《西北农林科技大学学报（社会科学版）》2012 年第 6 期。

较为良好的地区。产业扶贫指的是，通过以产业发展为杠杆，促进贫困地区的经济发展，增加贫困人口的经济收入。当前一些贫困区县对于生态资源的开发多停留在较浅的层次上，产业也多停留在第一产业，对农副产品做进一步开发的力度较小，忽视了进一步提升产值的可能性。通过政府产业扶贫项目与民营企业的资本引进相结合，促进产业融合与产业升级；对生态资源作进一步开发，高效利用生态资源，促进区域的生态环境与经济的可持续发展。根据区域的不同特征，生态产业扶贫的形式一般有以下三种，生态农业扶贫、生态工业扶贫以及生态服务业扶贫。通过改进农业技术，提升农产品产值以及推广农产品加工等新型农业生产与产业融合方式，属于农业产业扶贫。工业扶贫包括农副产品的再加工、产业调整以及工业布局优化。开发旅游业是服务业扶贫的主要形式。[1]

二、贵州生态扶贫的政策与实践

（一）依据地区资源特点设计生态扶贫发展策略

贵州省根据不同贫困区县的自然环境特点，发展出不同的生态环境扶贫策略。对于生态环境退化的区域，贵州省政府实施退耕还林工程，重点恢复生态环境容量，防止石漠化进一步恶化；依据各地不同的山、水、林、田生态情况，采取不同的治理措施，并整合治理手段，综合整治。例如，毕节市提出了"五子登科"的综合模式：山地根据地势情况，因地制宜植树造林与退耕还林；不宜种植的坡地，则实施退耕还草，山脚的平地则开发农田。黔西南州的晴隆县在坡地种植牧

---

[1] 杨德进、白长虹：《我国旅游扶贫生态效率的提升路径》，《旅游学刊》2016 年第 9 期。

草，防止石漠化进一步恶化的同时，积极发展科学的畜牧业养殖模式，发展出荒漠化治理与畜牧业相结合的"晴隆模式"。与前两个地方不同，赤水市面临的是水土流失问题。为此，赤水市重点发展植树造林的环境修复模式，扭转水土流失进一步恶化的局面。同时，种植的树种不仅能防止水土流失，还有经济价值。赤水市种植杏树、桃树、李树等果树，带来了不错的经济效益。[①]总之，贵州省结合各地的生态环境特点，发展出了不同的环境建设扶贫模式。既改善了生态环境，同时也促进了贫困人口生活水平的提高以及当地的经济社会发展，形成了良性循环。

（二）结合区域实际情况开展生态移民扶贫工作

贵州省部分地区自然环境非常恶劣，在这些区域无论是生态建设扶贫还是产业扶贫都无法顺利推广。同时，许多区域生态系统极其脆弱，又是国家重点的自然环境保护区。为推进生态扶贫工作，生态移民扶贫是合理的选择，也是从根本上解决问题的方式。贵州省从 2012 年 6 月开始生态移民扶贫工作。与传统的移民工作不同，贵州省根据区域的实际特点，积极主动地开展生态移民扶贫工作。在尊重群众意愿的前提下，积极满足搬迁居民的各方面需要，为贫困人口提供优质的就业机会以及良好的居住环境。选择县城、工业园区、景区等具有较好发展潜力的地点作为搬迁点，科学规划搬迁工程，为搬迁居民配备良好的社区基础设施。同时，积极恢复原居住地的生态环境，提高生态系统资源容量，修复原有生态系统，实现扶贫与生态系统建设两

---

① 《贵州赤水市水土保持清洁型小流域综合治理的"W·E·H"模式》，http://www.mwr.gov.cn /ztpd /2016ztbd /stbcf5zn /zdgc /stjszdx /201602 /t20160225_734564.html，2016年 2 月 25 日。

不误。总之，贵州省将在 9 年内完成 200 万贫困人口的生态移民扶贫工作，改善生态环境，同时实施扶贫资源精准供给，推进贫困社区的经济发展。[①]

（三）依托各地生态资源大力推进综合性产业链

对于生态资源较为丰富，或者在生态建设扶贫工程中发展较好的区县，贵州省政府大力鼓励产业调整与产业融合，在维持生态系统稳定的同时，进一步改善贫困区县居民的经济状况。贵州省积极发展生态产业链，推广特色产业，在完成扶贫工作的同时，推动了区域经济的快速可持续发展。总结贵州省的产业融合模式，主要有以下三种：生态循环产业扶贫、生态特色产业扶贫以及旅游生态产业扶贫。

生态循环产业扶贫。贵州省历来重视农业创新和产业综合发展。水里养鱼、田里种稻的生态系统养殖模式，草地种植与畜牧业结合模式等立体农业发展模式都是贵州省农业创新的典型。毕节市将林业与养鸡业结合实现生态养殖模式。鸡粪可以作为肥料供给草场生长，草地则为鸡的生长提供自然环境。

生态特色产业扶贫。贵州省强调生态发展与产业发展同时推进，推进产业发展与产业融合。依据各地不同的资源优势，发展特色产业布局。给予龙头产业优惠政策，鼓励其积极建设产业，发挥龙头产业的区域效应，带动周边农户发展脱贫。例如，贵州省重点发展中药材产业，通过龙头企业、合作社、贫困户的产业链条，推动产业融合。药材经过加工制药后，经济价值增长，提高了产值以及资源利用率。

[①] 颜红霞、韩星焕：《中国特色社会主义生态扶贫理论内涵及贵州实践启示》，《贵州社会科学》2017 年第 4 期。

贵州的医药快速发展为贫困人口致富以及环境保护作出了卓越贡献。①

旅游生态产业扶贫。旅游资源是贵州省的一大特色。传统的民族风情、独特的自然景观，贵州的旅游业一直以来在全国都名列前茅。因此，贵州省积极利用各地独具特色的旅游资源，大力发展旅游业，推动旅游扶贫。例如，铜仁市佛教文化盛行，景点众多。利用佛教文化打造生态文化品牌，带动周边旅游文化经济走廊建设，带动其他旅游服务业发展，不仅实现了生态环境的保护，同时也促进了贫困人口的经济改善。②

（四）通过先进的互联网技术全面推进生态扶贫

贵州紧跟时代潮流，利用先进的互联网技术，实现了对扶贫工作信息的准确把握与分析，提高了扶贫工作的精确性与工作效率。利用网络技术，打造扶贫信息共享与管理的"扶贫云"平台。"扶贫云"网络管理系统，一方面，能够克服传统扶贫管理方式中遇到的问题，运作效率更高；另一方面，能够对贫困户精准识别，准确把握贫困区县信息，实现扶贫工作的信息化管理。同时，"扶贫云"能够对扶贫项目与扶贫工作作出系统考核，科学管理生态扶贫工作的信息，实现对扶贫工作的全方位监控。这样能有效防止虚假脱贫，并提高脱贫工作效率。互联网技术的应用，不仅为生态扶贫工作提供了更为有效的执行与管理手段，同时也为电子商务的发展提供了机遇。电商扶贫为生态产业扶贫商业链条拓宽了市场通道，提升了产业融合水平，增加了生

---

① 颜红霞、韩星焕：《中国特色社会主义生态扶贫理论内涵及贵州实践启示》，《贵州社会科学》2017 年第 4 期。

② 《贵州省各市州统战部 2016 年第二季度工作交流座谈会在铜仁市召开》，http://www.yuping.gov.cn/zt/2013 /txgc/txdt/159048.html，2016 年 7 月 7 日。

态扶贫产业的销售渠道。例如，六盘水市"中国网络菜市场"项目总部运营中心，就是互联网商业平台销售农副产品的典型。通过电子商务平台，构建网络农产品信息系统，为产业融合生态扶贫提供更多的销售渠道与信息共享。

三、贵州生态扶贫的方式

近年来，贵州省在生态扶贫工作上领风气之先，结合各贫困地区的实际情况，灵活运用多重政策手段取得了积极的效果。其中，生态建设扶贫、生态移民扶贫、精准旅游扶贫以及产业融合扶贫等几种生态扶贫的手段，是值得借鉴的生态扶贫实现路径。

（一）生态建设扶贫

生态环境是地区发展的根基，良好的生态环境与足够的生态资源容量是区域发展的前提条件。近年来，贵州省十分重视生态环境的保护与建设。区域的生态环境恶化、石漠化、水土流失等状况不断得到扭转，生态环境不断改善。生态环境建设是生态扶贫工作的基础，必须坚持不断改善贵州省的自然环境，积极推进退耕还林、退耕还草、水土流失防治等工作，提升生态资源容量，促进生态扶贫工作与区域的可持续发展。

贵州省大力度投入生态建设，生态建设扶贫工作一直在稳步推进，并且取得了良好的成效和收益。生态建设扶贫并非是目的，而是改善生态环境、改善贫困户生活以及创造产值的手段。贵州省的生态建设扶贫工作，不仅仅是投入资金进行退耕还林工作，而是综合运用各种手段改善生态环境。在退耕还林工程中，以工代赈，创造就业岗位，鼓励贫困居民参股分红，推进了区域的林业发展。通过生态建设优惠政策，引导贫困人口积极参加生态环境改造工程。这样既修复了生态环境，同时也创造了产值，达到了生态扶贫的目的。另外，在进行生态建设工程的同时，附带发展生态旅游业，综合运用不同手段，增加当地群众收入，改善贫困户经济条件，积累生态建设资金。

（二）生态移民扶贫

近年来，贵州省的生态移民扶贫工程取得了不错的成果。[①] 在无法进行就地生态扶贫的区县，贵州省积极推进生态移民扶贫工作。

移民扶贫工作并非简单地将贫困户搬迁出原居住地，其搬迁过程以及搬迁后的社会管理都需要科学的规划。贵州省在生态移民搬迁过程中充分考虑到贫困居民在搬迁后的生活环境以及就业需求，得到了移民居民的认可。科学规划搬迁后的社区以及基础设施建设，保障搬迁社区居民的基本生活。在搬迁后的社区设立就业服务中心，为移民提供就业指导与咨询服务。同时，丰富搬迁居民业余文化生活，开展形式多样的文艺活动。完善搬迁后社区的居民组织与管理，推进社区综合治理，为社区居民提供技能培训、心理疏导、法律咨询等全方位服务。贵州的生态移民扶贫工作会根据实际情况，结合生态补偿扶贫工作，给予搬迁贫困户生活和工作上的帮助，同时根据特定情况，给予一定的经费补偿。

（三）精准旅游扶贫

贵州人杰地灵，山清水秀。能充分发挥旅游资源丰富的特点，利用旅游资源实现贫困区县的跨越式发展，是贵州省旅游生态扶贫的天然优势。

---

① 王永平、金莲、黄海燕等：《贵州实施扶贫生态移民的条件与对策》，《贵州农业科学》2012 年第 7 期。

贵州省的生态旅游扶贫极具地方特色。由于各地的自然生态环境各不相同，历史文化资源优势也各具优势，因此贵州省各区县根据自身优势开发旅游扶贫项目。生态旅游扶贫的快速发展，毫无疑问为贵州省的生态扶贫工作带来积极效应。值得注意的是，旅游扶贫并不是生态扶贫中独立的一环，是产业整合、产业融合环境下生态环境与经济发展并进的生态产业链中的一环。除了发展旅游业，种植业、养殖业以及农副产品的加工也为乡村居民带来了可观的收入，使得许多乡村逐渐摆脱贫困，实现良性发展。

（四）产业融合扶贫

近年来，贵州省三产融合的生态扶贫模式，整合一二三产业资源，优化了生产效率，提高了生态资源利用率，推进了乡村农业现代化的发展。产业融合扶贫是走向可持续发展的良性循环的重要手段。

产业融合扶贫通过规模化、组织化以及市场化的现代经营模式，拉动乡村经济快速发展。在农副产品稳定生产的前提下，快速推进第二产业发展，增加产值，同时积极发展第三产业，实现一二三产业紧密结合的现代化产业链。在大力扶持龙头企业的辐射效应下，产生区域积极效应，带动整个区县的健康发展。

四、贵州生态扶贫的启示与建议

贵州省在生态扶贫工作中，既要注重保护自然环境，又要最大限度地促进地区经济的发展，使地区环境以及地区经济都能获得可持续发展。

（一）加大教育资金投入

加大教育投入对于地区的经济增长以及减少环境压力都有积极作

用。提升贫困地区的教育水平，有利于提高当地居民对于环境与经济发展关系的正确认识。教育水平的提高，可以极大地提高当地居民的综合素质，使居民认识到保护环境对于当地发展的重要性，减少生育率，降低人口增长速度，减少环境压力。加大对于劳动力的相关产业专业技能培训，提高贫困地区居民的职业技能，提高非农就业能力。这样既能提高家庭的整体收入、改善生活状况，又能减轻农业生产对于自然环境的破坏。东西部地区的职业教育联合培养计划是非常积极的教育扶贫手段。通过推动西部地区与东部地区的学校联合办学，招收西部地区的学生，对贫困地区的学生提供优惠的教育政策。联合办学可以为贵州贫困区县培养高级专业人才。这种做法一方面可以实现贫困地区的区外教育，实现教育移民；另一方面也可以提高贫困地区劳动力的非农就业能力。长远来看，教育扶贫是区域经济转型的重要推动力之一。因此，提高贫困区域居民的教育水平需要作为生态扶贫的长期重要抓手。

（二）控制贫困人口增长

加大教育投入可以和控制人口增长的政策结合起来做。例如，在教育宣传活动中推广国家生育政策，让居民了解国家的可持续发展政策方针。同时，控制人口增长，在短期内需要政策层面的支持。例如，可以制定合理的优惠政策，鼓励生育工作做得较好的贫困区县，在资金上与政策上提供支持；在贫困户层面，对遵守生育政策的家庭给予更多的优惠和鼓励。总之，通过政策层面的引导，改变贫困区县居民的生育理念，减少贫困区县的生态环境压力。

（三）完善移民制度安排

在移民扶贫的相关工作中，应当实现资源的整合，提高移民资源与资金的利用率。整合区域之间的生态移民机构，建立区域协调发展机制，并由贵州省政府统一管理。其中包括生态移民的就业、培训以及社会保障工作。制订完善的工作计划，由上一级政府指导下一级的相关市县（区）的工作，并实现与相关贫困市县、园区管委会、用工企业、培训学校以及劳动基地的高效对接，提高移民工作效率。完善社会保障覆盖情况。确保每户贫困户的帮扶管理工作。积极组织贫困户参加职业技能培训。同时，落实贫困户加入社会养老保险、医疗保险等社会保障；落实所有收入低于最低生活保障线的贫困居民获得低保补助，并根据贫困居民的身份和年龄，提供对应的社会保障服务，保障移民获得良好的生计条件。同时，出台责任追究制度。考核移民迁入地就业稳定率、劳动合同签订率、社会保险参保率等工作的质量。

（四）促进部门协同合作

推进扶贫工作部门与生态环境监管部门的相互协调与合作。一方面在宏观层面，明确两个部门的管理事项以及监督协调机制。统筹规划扶贫资金与生态资金，提高生态扶贫经费的利用率。对于生态保护区与贫困区县重合的地区，扶贫工作部门与生态环境部门的协作至关重要，是提高生态扶贫工作效率的关键。提高生态补偿项目、生态建设项目以及扶贫开发项目之间的相互联结，提高生态扶贫资源利用率；厘清各职能部门之间的责任，促进相关部门协作配合，提升合力，由此打破不同部门之间相互隔离的情况。落实生态补偿、生态建设项目资金的报账制度、项目公告制度、项目招标制度等制度，切实监管生态建设与扶贫资金的使用情况。以相关贫困县区为重点，重点落实贫困区与生态问题突出地区的资金的申请渠道，建立完善的生态扶贫项目资金整合机制。

（五）完善综合扶持政策

在生态扶贫开发中，加强基础设施建设。例如，在投资建设的基础设施项目工程中，通过雇用贫困区县的劳动力，向贫困户发放劳务报酬，而非完全的直接扶持。这种"以工代赈"的扶持政策，既可以改善贫困地区的基础设施，同时也可以改善贫困居民的经济状况。积极改善贫困地区的生态环境，推动生态环境保护工程。例如，在"退耕还林还草"工程中，以雇用当地劳动力的方式提供生活补助。通过政策积极鼓励农户退耕还林，增加资金与粮食补助。总之，"以工代赈"和"以粮代赈"的生态扶贫治理思路，应当综合应用于退耕还林以及水土流失等方面的治理。灵活运用奖励、资助等思路制定扶贫政策，促进贫困地区基础工程的建设与实施。

（六）积极推进产业融合

产业融合能推动区域经济进入良性循环。通过在第一产业的基础上，发展第二三产业，增加农产品产值。例如，根据地区特点，建设特色农业副产品的加工行业。贵州省资源丰富，应当充分利用第一产业的优势，积极开拓市场，发展具有地方特色的农副产品加工业。同时，对于产业融合的龙头企业给予政策上的优惠，积极推动企业带动三产融合的同时，带动区域发展。引进新技术、新手段，培育环保、高质、健康、高产的农产品，推动一二三产业融合。推动规模化企业发展，建设农业现代化生产示范区，积极鼓励特色企业发展，宣传特色品牌。通过推动产业融合，实现生态扶贫的良性循环。同时，在龙头企业的带动下，由合作社管理组织，形成区域辐射效应，带动整个区域的产业链发展。

第八章

社会保障兜底扶贫创新

党的十八大以来，贵州省始终将扶贫开发作为"民生工程"，2018年减少农村贫困人口148万，减贫、脱贫成效显著，创造了脱贫攻坚的"贵州经验"。贵州省近年来在建立健全农村社会保障体系、织密兜底安全网等方面的政策创新和实践探索，有力推进了精准扶贫以及贫困县脱贫摘帽的进程。

一、社会保障兜底扶贫的意义

关于社会保障兜底扶贫的内涵，国内多数学者认为目前我国社会保障兜底扶贫主要是以农村低保为基础的贫困人口社会保障体系，包括社会救助、医疗救助、灾害救助、住房救助、临时救助、社会保险、社会福利等多种形式的社会保障形式。叶韬、黄承伟指出，"社会保障兜底脱贫一批"作为"五个一批"的最后内容，要求由社会保障对贫困人口中完全或部分丧失劳动能力的人进行兜底。具体包括统筹协调农村扶贫标准和农村低保标准，加大社会救助力度，加强医疗保险和医疗救助，实行新型农村合作医疗和大病保险政策对贫困人口倾斜等。① 黄清峰指出，社会保障制度是一个以社会保险、社会福利、社会救助、慈善事业为主要内容所构成的制度体系，既发挥保障全体社会

---

① 叶韬、黄承伟：《脱贫攻坚省级样板》，社会科学文献出版社2016年版。

成员基本生存与生活需要的功能，又起着提高社会成员生活质量和促进社会和谐的作用。[1]

关于社会保障兜底扶贫的机制和效果，学术界存在一些争议。一种观点认为社会保障是缓解和消除贫困问题的重要政策工具和途径。薛惠元运用倍差法实证分析发现，新农保政策具有显著的减贫效应。[2]樊丽明和解垩实证检验中国公共转移支付对家庭贫困脆弱性的影响，发现：教育程度、家庭规模、就业状态、工作性质及地区变量同时同方向地影响到贫困及脆弱性。[3]另一种观点指出，社会保障的减贫效果取决于体系内部制度模式、覆盖范围、制度设计等影响因素，也在一定程度上与扶贫开发制度的衔接程度有关。韦璞认为，要想充分发挥社会保障的减贫作用，不仅要形成有效的社会保障管理模式，还需要考虑社会保障制度中的各个环节，包括社会保障资金筹资机制、运作管理方式、投资监督方式，以及对支付方式和支付结构的恰当选择。[4]蒋从斌认为保证社会救助制度的兜底作用，不仅要实现社会救助制度的功能，保证社会救助制度各具体方面设计内容的可实施性、制度执行的可靠性和准确性，更应当做好社会救助制度与脱贫攻坚精准扶贫制度的有效衔接。

学者对社会保障兜底扶贫的研究主要侧重于兜底扶贫的内容、机制和效果。在兜底扶贫的内容上，学者基本达成一致观点：国内社会

---

① 黄清峰：《社会保障兜底脱贫攻坚的理论和实践路径研究》，《财政监督》2018年第16期。

② 薛惠元：《新型农村社会养老保险减贫效应评估：基于对广西和湖北的抽样调研》，《现代经济探讨》2013年第3期。

③ 樊丽明、解垩：《公共转移支付减少了贫困脆弱性吗？》，《经济研究》2014年第8期。

④ 韦璞：《社会保障的减贫作用研究：理论解析与典型比较》，中国社会科学出版社2016年版。

保障兜底扶贫是以低保等社会救助为主的社会保障兜底扶贫模式，社会保障是缓解和消除贫困问题的重要政策工具和途径。社会保障兜底扶贫在机制和效果方面存在一些争议，但总体来说社会保障的减贫效果取决于内部的制度模式和制度设计等影响因素，也与扶贫开发制度的衔接程度有关。综上所述，社会保障机制对脱贫攻坚发挥着极为关键的作用，完善社会保障的制度设计、加强社会保障制度与扶贫开发制度的衔接，才能更好落实全面建成小康社会的目标。

党的十八届五中全会明确提出 2020 年全面建成小康社会，实现我国现行标准下农村贫困人口全部脱贫，贫困县全部摘帽，解决区域性整体贫困。2015 年习近平总书记提出"五个一批"的扶贫路径，强调把社会保障兜底扶贫作为新阶段精准扶贫、精准脱贫的重要路径之一。党的十九大报告指出：要加强社会保障体系建设，按照兜底线、织密网、建机制的要求，全面建成覆盖全民、城乡统筹、权责清晰、保障适度、可持续的多层次社会保障体系。社会保障作为实现 2020 年农村贫困人口全部脱贫的最后一道防线，对缩小收入差距、减少贫困人口、维护社会公平正义具有重要作用。

针对扶贫开发工作的新形势、新任务、新要求，贵州重点实施"大扶贫"战略行动，坚决打赢脱贫攻坚战。贵州省 2018 年减少贫困人口 148 万，贫困发生率下降到 4.3%，14 个贫困县成功脱贫摘帽，减贫数量位居全国前列。[①] 2018 年末，全国农村贫困人口 1660 万，贫困

---

① 《贵州：2018 年减少贫困人口 148 万人》，http://www.xinhuanet.com/fortune/2019-01/27/c_1124049275.htm，2019 年 1 月 27 日。

发生率 1.7%，[①] 与全国总体水平相比，贵州农村贫困人口规模仍然偏大、贫困发生率仍然偏高。在贵州农村贫困人口中，残疾人、孤寡老人、长期因病丧失劳动能力而又没有其他收入来源的人口，以及因自然和经济等方面的原因在短期内家庭的收入和消费达不到最低生活标准的家庭仍占相当大的比例。现今扶贫开发进入啃硬骨头、攻坚拔寨的冲刺期，剩下的贫困人口脱贫难度更大、减贫成本更高，贵州省面临着实施社会保障兜底扶贫的巨大挑战。实施农村低保、救助等多种形式的社会保障是反贫困的一大利器，在反贫困机制中扮演着保底线、稳推进的重要角色。

二、社会保障兜底扶贫的政策安排及实践举措

（一）社会保障兜底扶贫的主要政策安排

1. 中央政府社会保障兜底扶贫的主要政策安排

新中国成立以来，我国初步建立了以社区五保制度和农村特困人口救济为主的农村社会保障体系，为农村人口中没有劳动能力和无法满足其最低生存需要的特困人口提供基本的社会保障和最低水平的生活保障。1986 年，国务院成立了专门负责扶贫开发工作的领导小组，标志着我国开始启动有组织、有计划、大规模的扶贫开发工作，并逐步形成贫困地区和贫困人口自我积累以解决温饱、脱贫致富的开发式扶贫方针，改变了以往以社会救济为主的救济式扶贫方针。2007 年，我国政府决定在全国农村全面实施最低生活保障制度，2009 年提出制定农村低保与扶贫开发有效衔接办法，开启了我国扶贫开发的"两轮

---

① 《2018 年中国农村减贫 1386 万人》，http://www.chinanews.com/gn/2019/02-16/8755849.shtml，2019 年 2 月 16 日。

驱动"阶段。

2013 年 11 月，习近平总书记首次提出"精准扶贫"重要论述。2014 年 1 月，中共中央办公厅、国务院办公厅印发《关于创新机制扎实推进农村扶贫开发工作的意见》，正式将建立精准扶贫工作机制作为六项扶贫创新机制之一，并对精准扶贫工作模式的顶层设计作出详细规划。2015 年 11 月，习近平总书记在中央扶贫开发工作会议上发表重要讲话，提出按照贫困地区和贫困人口的具体情况实施"五个一批"工程，即"发展生产脱贫一批、易地搬迁脱贫一批、生态补偿脱贫一批、发展教育脱贫一批、社会保障兜底一批"。由此，社会保障兜底扶贫成为新阶段精准扶贫、精准脱贫的重要路径之一。2017 年人力资源和社会保障部、财政部、国务院扶贫办印发《关于切实做好社会保险扶贫工作的意见》，要求通过明确社会保险扶贫的目标任务、完善并落实社会保险扶贫政策、强化社会保险扶贫的保障措施，进一步织密扎牢社会保障"安全网"。

2. 贵州省社会保障兜底扶贫的主要政策安排

自 2009 年国家提出农村低保与扶贫开发政策有效衔接以来，贵州省开始贯彻落实两项制度的有效衔接，以充分发挥农村低保和扶贫开发的作用。2010 年，为全面实现两项制度的有效衔接，实现到 2020 年基本消除绝对贫困人口的目标，贵州省根据《国务院办公厅转发扶贫办等部门〈关于做好农村最低生活保障制度和扶贫开发政策有效衔接扩大试点工作意见〉的通知》，结合地区实际，制定了《贵州省农村最低生活保障制度和扶贫开发政策有效衔接扩大试点工作实施方案》。《方案》要求合理确定农村低保和扶贫对象规模，建立和完善农村贫困人口识别机制，摸清全省农村现有贫困人口规模、分布、构成和特点等基本情况。根据农村贫困人口的地域分布特点和不同地区两项制度标准的差异情况，对识别出来的农村贫困人口（包括扶贫户、低保户、扶贫低保户、五保户）实行分类指导，落实各种帮扶措施，以实现对贫困人口的有效扶持。

2012 年 1 月，为认真贯彻落实《中国农村扶贫开发纲要（2011—2020 年）》和中央扶贫开发工作会议精神，贵州省出台了《关于贯彻落实〈中国农村扶贫开发纲要（2011—2020 年）〉的实施意见》，进一步提出加快建设扶贫开发、农村低保、临时救助制度等有机融合的农村社会保障体系。

2014 年，为贯彻落实习近平总书记等中央领导关于扶贫开发工作的重要指示以及中共中央办公厅、国务院办公厅《关于创新机制扎实推进农村扶贫开发工作的意见》精神，贵州省对改革创新扶贫开发工作提出了具体意见，包括进一步做好两项制度的有效衔接，巩固发展"生存靠低保、发展靠扶贫"的工作机制，坚持托底线、救急难、可持续的原则，构筑以最低生活保障为核心，集特困人员供养、受灾人员救助以及医疗、就业、教育、住房、临时救助、粮食救助等于一体的社会救助体系，实现应保尽保、应扶尽扶。

2015 年 5 月，贵州省政府办公厅下发《贵州省城乡低保减量提标方案》，提出通过减量提标，到 2020 年全省除南明、云岩两区外（两区均已实行低保城乡一体化），农村低保年保障标准与扶贫标准实现"两线合一"。根据《方案》，结合各地经济社会发展水平和所处区位，贵州省城乡低保标准分别划分为 3 个或 4 个档次，且每年确定一次城乡低保标准。2015 年 11 月，贵州省出台了《关于开展社会保障兜底推进精准扶贫的实施意见》，要求在全省全面部署开展社会保障兜底推进精准扶贫工作。《意见》作为贵州脱贫攻坚"1+10"系列政策措施之一，明确提出要通过实施社会保障兜底扶贫行动，加大力度、强化保障、加强衔接、织密网络，确保"两无"贫困人口（无业可扶和无力脱贫贫困人口）和暂时不能脱贫人口的基本生活水平与全面小康社会的建设进程相适应，共享全面小康成果。2015年12月，贵州出台《关于落实大扶贫战略行动坚决打赢脱贫攻坚战的意见》，细化分解目标任务，建立脱贫攻坚责任链，落实"五包"责任制，建立了干部考核激励约束机制，并做好资金、培训等各类扶贫资源整合工作，强化脱贫攻坚考核问责以及出台易地扶贫搬迁"1+6"政策措施，施行《贵州省大扶贫条例》助力脱贫攻坚。

2017年，贵州省民政厅制发《贵州省深度贫困地区民政兜底脱贫攻坚行动实施方案》（以下简称《实施方案》），助力全省深度贫困地区打赢脱贫攻坚战。《实施方案》要求，充分发挥民政社会救助在打赢脱贫攻坚战中的兜底保障作用，确保2020年深度贫困地区现行扶贫标准下建档立卡贫困人口全部脱贫，确保2020年深度贫困地区所有困难群众基本生活水平与全面小康相适应。《实施方案》明确，各级民政部门要紧紧围绕九个方面攻坚任务，实施好民政兜底脱贫攻坚行动：一是精准实施农村低保制度，确保精准兜底。确保所有无法依靠产业扶持和就业帮助脱贫的家庭以及其他符合条件的困难群众纳入低保范围，充分发挥农村低保制度在兜底脱贫中的重要基础作用。二是精准实施医疗救助制度，有效遏制因病致贫返贫。三是健全防灾减灾救灾体系，有效遏制因灾致贫返贫。四是精准实施特困人员救助供养制度，确保农村特困人员实现同步小康。五是精准实施救助保护，促进留守儿童困境儿童健康成长。六是精准实施临时救助制度，有效遏制贫困群众因突发事件、意外事故和急难问题致贫返贫。七是加强社会救助与易地扶贫搬迁有效衔接，确保搬迁移民享受迁入地同等救助保障待遇；强化社会救助与农村危房改造有效衔接，确保贫困群众住有所居。八是动员组织各社会组织参与扶贫，助力脱贫攻坚。九是合理整合社会救助资金，提高资金使用效率，切实保障困难群众救助所需资金。

2018年3月，省民政厅、省扶贫办联合制定了《贵州省民政兜底脱贫攻坚三年行动计划（2018—2020年）》（以下简称《行动计划》），将全面实施"社会救助兜底脱贫攻坚""精准关爱服务留守儿童困境儿童助力脱贫攻坚""发展农村养老助推脱贫攻坚""创建移民安置点和谐生活共同体助推易地扶贫搬迁""加强基层社会治理助推脱贫攻坚""引导社会组织参与脱贫攻坚""驻村帮扶助推脱贫攻坚"行动（简称"6+1"行动），确保小康路上"不落一村、不漏一户、不少一人"。《行动计划》规定，2018—2020年，民政兜底脱贫攻坚将紧紧围绕打好精准脱贫攻坚战、打好脱贫攻坚"四场硬仗"的总体目标，切实聚焦"两不愁三保障"的具体要求，扎实推进"6+1"行动。2018年6月，贵州省委十二届三次全会做出了《关于深入实施打赢脱贫攻坚战三年行动发起总攻夺取全胜的决定》，成为全国第一个召开全会专题研究脱贫攻坚的省份。全省认真落实"五个一批""六个精准"脱贫举措，创新实施"五步工作法"，全面发动脱贫攻坚"春风行动""夏秋攻势"，着力"四场硬仗""五个专项治理""四个聚焦"和深入推进一场振兴农村经济的深刻产业革命，脱贫攻坚各项任务取得显著成效。2018年8月，省政府办公厅、省质监局牵头，省委组织部、省扶贫办、省教育厅等16个部门共同参与，编制完成了《贵州省精准扶贫标准体系》（以下简称《体系》）。《体系》由基础通用、项目管理、基础设施、社会保障 4 个部分构成，首批发布贵州省地方标准 26 个。在社会保障兜底保障扶贫方面，贵州省建立了四重医疗保障规范、大病专项救治管理规范、慢性病医疗保障规范、农村居民最低生活保障工作规程、特困人员救助供养工作规范等。这一系列关于社会保障兜底标准的建立，对贫困人口中完全或部分丧失劳动能力的人，将交由社会保障来进行兜底，统筹协调农村扶贫标准和农村低保标准，加大各类形式的社会救助力度。加强医疗保险和医疗救助、新型农村合作医疗和大病保险政策对贫困人口的倾斜。

综上所述，贵州省在贯彻党和国家的社会保障制度及两项制度衔接政策的基础上，结合地区实际，对社会保障兜底扶贫政策不断细化、落实和创新，制定出台了一系列社会保障兜底扶贫的政策措施，为贵州省兜底扶贫以及精准扶贫的推进奠定了良好的政策和制度基础。

（二）社会保障兜底扶贫的实践举措

在精准识别贫困方面，贵州出台了一系列灵活性高、可操作性强的地方识别模式，铜仁市万山区的"四举措"就是精准识别探索的一个缩影。铜仁市万山区通过强化培训、严格程序、精准监督、动态管理四举措健全社会保障精准兜底机制。铜仁市万山区的主要做法是建立并完善了以入户收入核查为核心的低保对象认定机制、以常态化为基本要求的监督检查机制、以压实责任为主要内容的组织保障机制，确保"应保尽保、应救尽救、动态管理"，确保对象准确、政策落实、群众满意。同时健全主动发现、快速响应、个案会商等救急难工作机制，有效保障生活陷入困境、生存面临危机贫困群众基本生活。

在医疗扶贫方面，贵州省实施社会保障兜底精准扶贫的过程中，大力推进实行"新农合＋大病保险＋医疗救助＋扶贫兜底"四重医疗保障模式，防止因病致贫、因病返贫。沿河土家族自治县是全省、全市脱贫攻坚任务最重的县，在医疗扶贫方面的"1234"工作法体现了贵州探索医疗保障兜底的大举措。该县的主要做法是创新医疗报销模式，简化救助程序，设立"一站式服务窗口"，整合基本医保、大病医保、民政医疗救助、政府兜底四重医疗保障，实行"一个系统、一套公司、一张单据、一人签字、一次拨付"，"一站式"及时结算服务，让群众不用多个部门"跑路"，节省了大量时间。

在教育扶贫方面，贵州从补齐农村学前教育短板、强化师资配备、认真落实各项资助政策等方面，明确要求缩小城乡教育差距，精准强化教育扶贫，阻断贫困代际传递。普定县教育精准扶贫的"五个强化"工作法就体现了教育兜底减贫独特的稳固性和生命力。"五个强化"工作法有效联动政策扶贫、资助扶贫、均衡扶贫、质量扶贫、职教扶贫、产业扶贫六大举措，达成杜绝"因贫失学、因学致贫"的目标，扶智脱贫挖穷根。

此外，针对深度贫困地区和特殊贫困群体，贵州省继续强化对深度贫困地区的支持，围绕加强社会救助兜底、鼓励和引导社会力量参与、夯实脱贫攻坚基层组织基础、优化行政区划设置等方面助推深度贫困地区脱贫工作。具体来说：一是强化对特殊困难群体的救助保障，在发放基本保障金的基础上增发特殊困难补助金。二是强化特困人员托底供养，全方位保障基本生活、照料服务、疾病治疗、住房救助、教育救助等方面。三是强化留守儿童困境儿童关爱救助保护，妥善解决留守儿童困境儿童无人监护、失学辍学、无户籍等突出问题。四是强化急难救助，有效保障生活陷入困境、生存面临危机贫困群众的基本生活。

贵州省在精准识别、多方位保障、多部门联合方面打好"组合拳"，全面助力社会保障精准兜底扶贫战。首先，强化民政部门在兜底脱贫中的统筹职责，形成制度功能充分发挥、资源充分整合、各有侧重、互为补充、合力保障的良好工作格局。其次，强化社会救助部门协同，完善"一门受理、协同办理"机制，确保困难群众求助有门、受助及时。再次，强化农村低保制度与扶贫开发政策有效衔接，确保"应保尽保、应扶尽扶"。最后，开展兜底保障对象能力提升活动，加强与有关部门协调沟通，建好困难群众信息资源台账，会同有关部门加强对兜底保障对象的教育帮扶和就业帮扶。

三、社会保障兜底扶贫的主要成效和经验

（一）社会保障兜底扶贫的主要成效

贵州省实施两项制度衔接特别是实施社会保障兜底推进精准扶贫政策以来，取得了显著成效。一方面，通过探索实施"两线合一"，贵州省逐步提高了农村低保标准，农村低保覆盖面得到扩大，保障水平进一步提升。另一方面，贵州省在兜底扶贫过程中进一步健全了贫困人口建档立卡、分类帮扶等一系列工作机制。

1. 逐步提高农村社会保障水平

贵州省将所有"两无"贫困人口、暂时不能脱贫人口和其他符合条件的农村群众全部纳入社会保障、社会救助的范围。截至 2018 年 6 月底，全省农村低保平均标准提高到 3908 元 / 年，农村享受低保人口 249.7 万，发放低保资金 25.75 亿元；特困人员救助供养基本生活水平稳步提高，各地均按照当地 2018 年城市低保标准的 1.3 倍至 1.6 倍确定特困人员基本生活标准，全省特困人员救助供养平均基本生活标准已提高到 837 元 / 月；强化社会救助与易地扶贫搬迁有效衔接，有

力助推易地扶贫搬迁，2018 年全省共将 7.2 万名易地扶贫搬迁困难群众纳入城乡低保保障。总体而言，贵州省农村社会保障水平正在逐步提高。

2. 健全完善社会保障制度体系

贵州省在兜底扶贫过程中建立了以低保为基础的社会保障兜底扶贫体系。首先，贵州省着力增强社会保障在农村扶贫开发中的兜底作用，明确提出要不断提高低保标准和特困供养水平，逐步推进"两线合一"。其次，在坚持应保尽保的基础上，对特殊人群给予托底保障，对低保对象中的老年人、重度残疾人、重病患者、在校学生、单亲家庭成员等特殊困难群体，按当地低保标准的 10%—30% 增发特殊补助金。再次，针对因灾、因病、因突发事件致贫返贫现象，贵州省在实施兜底扶贫过程中注重强化社会救助救急解难的功能。最后，贵州省进一步提高农村贫困人口的医疗救助保障水平，并对特困供养人员、低保对象中的长期保障户、80 岁以上老年人、精准扶贫建档立卡贫困人口中的重大疾病患者等特殊困难群体实行保障水平 100% 的措施。总体而言，贵州省在实施社会保障兜底以推进精准扶贫过程中，逐步形成和完善了以社会救助为主的农村社会保障体系。

3. 进一步完善兜底扶贫联动机制

贵州省在实施社会保障兜底扶贫过程中，进一步完善了对贫困人口精准扶贫的工作机制，包括低保贫困人口的精准识别、精准救助、精准管理、精准退出以及多部门参与的工作机制等。在精准识别机制方面，为摸清贵州省贫困人口底数，贵州省及各级扶贫部门积极开展农村贫困人口与农村低保对象的对接，并逐步建立数据互通、信息共享平台，以及纵向联通市、县两级民政部门，横向联通各相关部门

（机构）的救助申请家庭经济状况核对平台。在多部门协作机制方面，贵州省建立了政府牵头、社会救助政策实施相关部门参加的社会救助联席会议制度，建立健全社会救助个案会商机制、"一门受理、协同办理"机制。总体上，贵州社会保障兜底扶贫联动机制在不断的推进和创新中逐渐发展成熟。

（二）社会保障兜底扶贫的经验

1. 强化精准识别及分类救助，创新兜底识别方式

在实施社会保障兜底推进精准扶贫过程中，精准识别、分类施策是基础和关键。贵州省各贫困县区在实施兜底扶贫过程中，结合地区实际，发挥基层扶贫工作者的创新精神，探索多种多样的精准识别及分类救助方式，如万山精准识别贫困的"四举措"、威宁精准识别贫困的"四看法"等，为兜底扶贫及精准扶贫的进一步推进奠定了基础。

2. 强化社会保障制度衔接，打好脱贫攻坚"组合拳"

贵州省出台的《关于开展社会保障兜底推进精准扶贫的实施意见》，除提出提高低保标准、确保困难群众的基本生活水平与全面小康社会相适应以外，还从整合现行各项社会保障、社会救助政策出发，实施低保、特困人员供养、医疗救助、临时救助、受灾人员救助、住房救助、基本养老保险等多元社会保障形式，进一步提升精准扶贫的整体合力，最大限度地促进地区精准扶贫。总体上看，贵州省在社会保障兜底推进精准扶贫过程中，坚持大扶贫、大社保原则，加强农村低保与扶贫开发以及社会保障救助制度间的衔接，形成社会保障兜底扶贫的合力，满足贫困人口多元化、多层次的救助需求。通过强化最低生活保障、特困人员供养、受灾人员救助、医疗救助、教育救助、住房救助、就业救助、临时救助等社会救助制度之间的衔接，进一步加强社会保障救助制度与社会力量参与之间的衔接，形成各项社会保障救助制度功能充分发挥、各项社会保障救助资源充分整合、城乡困难群众生活得到有效保障的良好格局。

3. 深化多部门协作机制，提升兜底扶贫合力

多部门良好协作机制是兜底扶贫的有效保证。在组织保障方面，贵州省建立了政府领导、业务主管部门牵头、有关部门配合、基层落实、社会参与的组织领导机制，并将社会保障兜底扶贫工作纳入经济社会发展总体规划，纳入民生保障考评体系和政府绩效考核体系。同时强化县级政府在兜底扶贫工作中的主体责任、乡级政府在兜底扶贫工作中的具体责任以及基层社会保障、社会救助经办机构的队伍建设。在平台建设方面，贵州省要求建立健全社会保障、社会救助和扶贫开发信息共享机制，逐步建立数据互通、信息共享平台，以及纵向联通市、县两级民政部门，横向联通各相关部门（机构）的救助申请家庭经济状况核对平台。在协作机制方面，贵州省建立了政府牵头、社会救助政策实施相关部门参加的社会救助联席会议制度，强化社会救助工作之间、社会救助与社会保障工作之间的统筹衔接。同时，加强督促检查以及宣传引导，在全社会凝聚起扶贫济困的强大正能量。

四、社会保障兜底扶贫的启示及政策建议

（一）启示

社会保障兜底扶贫作为社会保障兜底功能与开发式扶贫模式的有机结合，从兜底层面设立了扶贫工作的安全网。贵州省通过社会保障兜底扶贫取得了良好的减贫效果，主要得益于在兜底扶贫相关政策目标、政策瞄准对象、政策内容上的深刻理解与创新做法。

从政策目标上看，农村扶贫开发与以农村低保为基础的社会保障制度具有一致的目标，都发挥着反贫困的重要作用。结合当前我国精准扶贫方略以及脱贫攻坚战略目标的提出，通过社会保障兜底扶贫保障最贫困人口的基本生活，是推进新阶段扶贫开发，确保 2020 年全面消除绝对贫困、全面建成小康社会的一项重要政策和制度保障。

从政策瞄准对象上看，瞄准贫困群体、开展精准扶贫是我国扶贫开发和兜底扶贫的必然要求。贵州省在社会保障兜底推进精准扶贫过程中，结合贫困人口建档立卡、精准扶贫及扶贫云系统建设等工作，结合当地实际，探索总结了一批简单灵活、可操作性强的贫困人口精准识别方法，形成了成熟的精准扶贫识别机制，如万山精准识别贫困的"四举措"、威宁精准识别贫困的"四看法"等。我国脱贫攻坚的瞄准单位经历了从区域到县再到贫困村、贫困户的阶段性转变，扶贫政策在对象群体确定以及实现途径上逐渐向精准化方向推进。

从政策内容上看，贵州省兜底扶贫模式的突出特点，是在提高农村低保水平的基础上探索多元化、灵活性的社会保障形式。同时，贵州省在推进兜底扶贫过程中建立了扶贫、民政、医疗、教育等多部门沟通参与的协作机制。可见农村脱贫攻坚由单一经济开发政策逐步向多元化、综合性方向发展和转变，贫困治理由事后干预向贫困预防转变，扶贫开发由单一部门负责向多部门、全社会系统的共同参与转变。

（二）政策建议

贵州社会保障兜底扶贫在精准识别贫困人口、创新兜底扶贫形式、健全多部门协调机制等方面的工作方法，对我国其他贫困地区开展兜底扶贫具有一定的推广价值。为了保质保量完成脱贫攻坚任务，贵州省在这三个方面还要继续创新工作模式，提高兜底扶贫效率，进一步完善精准扶贫的"贵州样板"。

1. 强化精准识别精准瞄准机制

社会保障兜底扶贫旨在对困难群众进行保障，精准识别是兜底扶贫的前提和关键。首先，建立行之有效的社会保障瞄准机制，保证不错保、不漏保、保障落到实处。其次，完善社会保障网络体系，逐渐形成互联互通、信息共享网络系统。通过"减贫大数据"建设，摸清新时期中国农村贫困的"底数"，为相关政策安排提供坚实的信息基础，提升国家贫困治理体系的信息采集能力。

2. 创新社会保障兜底扶贫形式

创新社会保障兜底扶贫形式，有利于提升精准扶贫的整体合力，最大限度地促进精准扶贫、精准脱贫。按照兜底线、织密网、建机制的要求，首先，全面建成全民、城乡统筹、权责清晰、保障适度、可持续的多层次社会保障体系。其次，统筹城乡社会救助体系，完善最低生活保障体系。最后，提升社会保障事业凝聚社会力量能力和专业水平，广泛动员、引导社会组织和志愿者围绕脱贫攻坚开展志愿服务活动，发挥社会组织和志愿者在扶贫领域相比政府部门具有的机制灵活、方式多样、覆盖面广等优势。

3. 深化多部门兜底扶贫协作机制

深化多部门协作机制是兜底扶贫的有效保证。首先，在农村低保与扶贫开发政策的具体衔接机制方面，建立完善民政与扶贫部门信息、资源的共享与整合平台，实行科学、可行的动态管理和退出机制，有效发挥低保的保障兜底功能与扶贫开发的发展功能。其次，整合多部门脱贫攻坚筹资机制。要在加大各级财政资金投入的基础上，创新筹资思路，拓宽扶贫资金渠道，加强扶贫资金的合理运用。

第九章

脱贫攻坚激励机制创新

习近平总书记在党的十九大报告中强调，要建立激励机制和容错纠错机制，旗帜鲜明为那些敢于担当、踏实做事、不谋私利的干部撑腰鼓劲。李克强总理自 2016 年起也连续三年在《政府工作报告》中强调抓好这项工作，彰显了中央政府整治庸政懒政、为官不为，鼓励干部新时代新担当新作为的态度和决心。

一、建立脱贫攻坚激励机制的意义

改革开放的 40 多年，是我国逐步消除贫困的 40 多年，现在，中华民族千百年来存在的绝对贫困问题，就要历史性地得到解决，脱贫攻坚进入最为关键的阶段。基层扶贫干部是基层扶贫实践的主力军和领头羊，中央出台了多项激励扶贫干部的政策文件和指导意见，如中共中央办公厅、国务院办公厅在 2017 年 12 月 24 日印发《关于加强贫困村驻村工作队选派管理工作的指导意见》，明确指出强化考核、表彰激励和严肃问责是加强考核激励的三大要点。2018 年 5 月 20 日，中共中央办公厅印发《关于进一步激励广大干部新时代新担当新作为的意见》，再次强调要充分发挥干部考核评价机制的激励鞭策作用，建立健全容错纠错机制，宽容干部在改革创新中的失误。这些政策的出台有效保障了扶贫干部在思路设想、做法创新、干事创业等方面的主动性和积极性，极大地拓展了基层扶贫实践的创新空间和行动空间，其根本目的和最终落脚点在于激励扶贫干部积极推动改革创新、稳步提升扶贫成效、坚决打赢脱贫攻坚战。那么如何营造积极开拓、敢想敢为的政策环境和文化氛围，激励、支持和引导干部投身基层扶贫实践，打通政策落实的"最后一公里"，成为打赢打好脱贫攻坚战亟待解决的一道难题。

解决脱贫攻坚"中梗阻"问题需要建立科学的激励机制和规范的容错纠错机制。"中梗阻"是指阻碍改革政策落地或使改革效力降低的中间阻力。将各项改革举措从顶层设计落实到基层实践，不可避免地存在一些衔接和执行上的"中梗阻"问题，具体表现为有些干部思想认识淡化、主体责任软化、调查研究浅化、工作本领退化、扶贫措施虚化、脱贫效果弱化，[①]"冷、拒、横、推"等庸俗习气突出，有些甚至利用权力"吃、拿、卡、要"，严重影响党的路线方针政策在基层落地，使得政策执行的实际效果大打折扣。

克服脱贫攻坚"疲劳综合征"也需要建立持续性的激励机制和立体化的容错纠错机制。一些扶贫干部之所以会产生"疲劳综合征"，是由于缺乏相应的体制机制来鼓励改革探索，缺乏宽容和包容失败的政治氛围和制度环境。具体来看，一方面，我国自 2013 年底启动精准扶贫，2015 年正式打响脱贫攻坚战至今，呈现时间跨度长、工作任务重、社会压力大的显著特征。对于广大行政部门特别是一线扶贫干部而言，长期在高负荷、高压力下工作，难免会出现身体吃不消、精神跟不上的情况，在工作中产生厌倦、抵触的情绪，甚至出现敷衍、逃避的状态。另一方面，脱贫攻坚工作中的形式主义蔓延，扶贫工作的重心往

---

① 人民论坛网：《脱贫攻坚工作犯"拖延症""急躁症""懒惰症"，究竟咋回事？》，https://baijiahao.baidu.com/s?id=1615382060633052881&wfr=spider&for=pc，2018 年 10 月 26 日。

往往演变成开会议、发文件、打电话、填表格和报数据，扶贫干部被戏称为"表哥"，重复性的工作导致精力分散，以至于困难群众对工作不满意，扶贫脱贫的政治任务难以如期完成。一些扶贫干部工作方法不得当、路子不对头，扶来扶去，事情没少干，却没有多少成绩和进展，看不到脱贫摘帽的希望，[①] 长此以往难免会滋生倦怠情绪，影响工作积极性和扶贫效果。

可以看出，建立激励机制和容错纠错机制是彻底畅通脱贫攻坚"中梗阻"、克服"疲劳综合征"的现实需要，对于营造强化干部正向激励的政治生态、激发扶贫干部干事创业的激情、形成"想干事、敢干事、能干事"的政治氛围具有重要的现实意义。

建立激励机制和容错纠错机制有助于形成良好的选人用人导向。"事业兴衰，唯在用人；用人之要，重在导向"，打赢脱贫攻坚战，关键在党，关键在人，关键在干部。基层扶贫实践场域是锻炼干部的主战场，干部能力高不高、责任强不强、有没有担当、能不能作为，必须在一线锻炼、考验和识别。这一机制的建立和完善能够推动确立"敢于担当、勇于改革"的用人导向，形成关爱干部的良好氛围，特别是包容和理解扶贫干部在改革过程中的"探索性失误"，避免"一棍子打死"，可以使广大干部真切感受到组织"撑腰"的制度性力量。

建立激励机制和容错纠错机制有助于激发扶贫干部安心干事创业的热情和积极性。扶贫干部是精准扶贫的先锋队，是脱贫攻坚的排头兵，凝聚力量打赢脱贫攻坚战，关键在于激发干部的活力和创造力。对基层干部的激励，既要兼顾干部是"经济人"的利益诉求，同时也

---

① 施维：《脱贫攻坚，谨防"疲劳综合征"》，http://www.sohu.com/a/214884712_619077，2018年1月5日。

要把握体制内干部作为"政治人"的现代政治价值追求。^①因此对长期在扶贫开发一线工作、政治坚定、实绩突出、群众公认的干部予以提拔重用，能够激励干部在扶贫一线大显身手、建功立业，提高一线干部脱贫攻坚的精气神，让干事创业者尝到"甜头"，看到干与不干的差异性结果；对一些特殊情况下犯错的党员干部的宽容与免责，也并非与从严治党背道而驰，而是保护改革创新精神的必要举措，让创新者、实干家感受到"依靠"，释放出更多的工作活力。脱贫攻坚已经进入攻坚拔寨的阶段，更需要各级扶贫干部攻坚克难、接续奋战，在此时对长期奋战在脱贫一线的干部提供全方位的支持和保障，消除其后顾之忧，无疑是激励广大干部在脱贫攻坚一线安心安身安业、凝心聚力决战决胜的关键所在。

建立激励机制和容错纠错机制有助于把控脱贫攻坚工作中的矛盾和风险。容错机制肩负着走出困局、打破僵局、盘活全局的重要使命，是将改革创新活动不断铺开、不断检验、不断调整的重要过程，是将风险穷尽、矛盾凸显的必要环节。纠错机制则是对干事创业活动进行托底、兜底、保底的制度保障，有利于提升风险预测能力和预警能力，在脱贫攻坚工作的征途上少走"弯路"。^②容错不等于纵错，而是科学界错、提前防错、大胆容错、及时纠错，^③对基层干部既有纠错的鞭策，又有容错的保护，共同发挥对扶贫干部的激励作用。由此可见，基于

① 陈元中：《国家治理体系现代化视阈下的基层干部激励机制构建》，《长白学刊》2018年第3期。
② 闫义夫、徐成芳：《容错纠错机制在改革创新中的功能、建构及其完善——以内蒙古地区政策文本为例》，《沈阳大学学报（社会科学版）》2018年第5期。
③ 文君：《容错纠错，营造干部敢作善成的氛围》，http://www.sohu.com/a/252430480_99890391，2018年9月7日。

问题导向和经验导向的激励机制和容错纠错机制有助于防范风险、隔离风险和应对风险，能够推进基层扶贫风险防控工作的可控化与科学化，提升脱贫攻坚工作中的风险预警能力与问题解决能力。

建立激励机制和容错纠错机制有助于降低脱贫攻坚的工作成本。恩格斯曾说，要从本身的错误中、从痛苦的经验中学习，[①]在这之中就蕴含了从试错中寻找真理的认识论智慧。针对脱贫攻坚工作中的知识空白、经验盲区和能力弱项，容错机制是积累经验的重要举措，它为扶贫干部"先行先试"撑腰打气，使其敢于啃硬骨头、敢于涉险滩、敢于向积存多年的顽瘴痼疾开刀，是突破关键环节、补齐制度短板的重要环节。在此基础上，不断检验、评测、修正和调整，在取得理想效果后，再分批次、分阶段铺开，总结"试点"的不足与经验，最大限度降低脱贫攻坚工作的成本。即使积极干事创业的行为主体"先行先试"遭遇改革创新失灵或失败，纠错机制作为一种保护性机制，可以第一时间介入干预，及时"刹车"止损，将改革创新活动失误的实施成本和摩擦成本局部化、地方化，有效规避了实施成本和摩擦成本的整体化、全国化，[②]为之后的改革创新活动提供了具有参考价值的经验样本。

李克强总理曾说，中国改革开放的辉煌成就，就是广大干部群众干出来的。这既是对过去成绩的肯定，也是对全面打赢脱贫攻坚战、谋求更好未来的殷切期望。不难看出，建立切实有效的激励机制和容

① 恩格斯：《致弗洛伦斯·凯利－威士涅威茨基夫人》，《马克思恩格斯文集》第9卷，人民出版社2009年版。

② 闫义夫、徐成芳：《容错纠错机制在改革创新中的功能、建构及其完善——以内蒙古地区政策文本为例》，《沈阳大学学报（社会科学版）》2018年第5期。

错纠错机制正是新时代打赢打好脱贫攻坚战的重要机制性保证。

　　贵州省依据中央政策，制定出台符合贵州省现实情况的地方政策，采取切实有效的实践举措，取得了预期的政策性和实践性效果。

二、激励机制创新的政策安排及实践举措

（一）政策安排

　　中共中央办公厅于 2018 年 5 月 20 日印发并实施《关于进一步激励广大干部新时代新担当新作为的意见》，贵州省积极贯彻落实党和国家的大政方针，出台一系列关于激励机制和容错纠错机制建设的政策文件和通知办法，关心一线扶贫干部的工作和生活，具体政策包括：

　　在激励机制方面，早在 2010 年 2 月 9 日，贵州省扶贫开发办公室就发布《贵州省整村推进扶贫开发实施细则》，提到建立健全激励机制，按照《贵州省扶贫开发工作考核管理暂行办法》的要求，对整村推进扶贫工作情况进行考核，对工作开展好的地方表扬和奖励，对工作开展差的地方批评和惩罚。《贵州省大扶贫条例》提到建立健全扶贫工作激励机制，对通过勤劳致富稳定实现脱贫的贫困人口以及在扶贫开发工作中成效显著、有突出贡献的单位和个人，按照国家有关规定给予表彰和奖励。

　　2018 年 1 月 14 日，贵州省扶贫开发办公室发布《省扶贫开发领导小组关于加强脱贫攻坚一线干部关爱工作的通知》，提出从强化脱贫攻坚一线干部的安全保障、关心脱贫攻坚一线干部的工作生活、宣传脱贫攻坚一线干部的典型事迹、组织对脱贫攻坚一线干部的调研慰问四个方面关注一线扶贫干部的生活。其中详细提到了要督促各级扶贫开发领导小组组织制定应急保障预案，全面落实脱贫攻坚一线干部的人

身意外伤害保险等保险保障措施；统筹协调有关部门，保证必要的设施设备，改善脱贫攻坚一线干部的工作生活条件；加强脱贫攻坚宣传工作，做好先进个人和先进集体的评选表彰和推荐报送工作，充分发挥典型示范引领作用；各级扶贫开发领导小组要不定期慰问本单位派出的脱贫攻坚一线干部，县级扶贫开发领导小组要定期组织慰问辖区内脱贫攻坚一线的第一书记、驻村帮扶干部、定点帮扶和对口帮扶干部、企业和社会组织帮扶人员、扶贫志愿者、乡村基层干部等，让脱贫攻坚一线干部充分感受到组织的关爱与温暖。

2018年10月，贵州省委办公厅印发中共中央办公厅《关于进一步激励广大干部新时代新担当新作为的实施意见》，包括8个方面25条内容：一是新时代贵州干部必须牢记嘱托、感恩奋进；二是大力教育引导干部担当作为、干事创业；三是鲜明树立重实干重实绩的用人导向；四是充分发挥考核评价的激励鞭策作用；五是切实为敢于担当的干部撑腰鼓劲；六是着力增强干部适应新时代发展要求的本领能力；七是满怀热情关心关爱干部；八是凝聚形成创新创业的强大合力，为夺取脱贫攻坚战全面胜利、续写新时代贵州发展新篇章、开创百姓富生态美的多彩贵州新未来而努力奋斗。

在容错纠错机制方面，2015年3月9日，贵州省委、省政府印发《贵州省贫困县党政领导班子和领导干部经济社会发展实绩考核办法》，把考核结果作为激励和约束的重要依据，作为干部选拔任用、年度考核等次确定和奖惩的重要依据。同年6月，贵州省扶贫开发领导小组印发《关于建立贫困县约束机制的工作意见》，明确作为与禁止作为，加强考核激励和督查执纪问责，按照"一岗双责"责任和"一岗双查"的要求，围绕扶贫项目立项、审批、实施、监督、验收、绩效评估等重点环节，全面加强监督检查，持续保持高压态势，切实做到阳光扶贫、公正扶贫和廉洁扶贫。

2016年3月3日，贵州省委办公厅印发了《关于建立工作目标、岗位责任、正向激励保障、负向惩戒约束"四位一体"从严管理干部机制的意见》(以下简称《意见》)，《意见》坚持工作目标与岗位责任相结合、激励保障与惩戒约束相结合、干部能上与能下相结合、管干部与促发展相结合，从强化工作目标管理和岗位责任落实、完善正向激励保障和负向惩戒约束措施四个重要方面，构建管理全面、标准严格、环节衔接、措施配套、责任分明的从严管理干部机制体系。

2018年6月26日，中国共产党贵州省第十二届委员会第三次全体会议通过《关于深入实施打赢脱贫攻坚战三年行动发起总攻夺取全胜的决定》，其中重点提到了完善脱贫攻坚考核监督评估机制、基层党组织建设，具体包括：一方面，用好政策设计、工作部署、干部培训、监督检查、追责问责"五步工作法"，提高攻坚能力。另一方面，实施经常性的督查巡查和最严格的考核评估，激励干部新时代新担当新作为，确保脱贫过程扎实、脱贫结果真实，使脱贫攻坚成效得到群众认可、经得起实践和历史检验。

（二）实践举措

贵州省坚持深入学习宣传贯彻习近平新时代中国特色社会主义思想、党的十九大精神和习近平总书记在全国两会参加贵州省代表团审议时的重要讲话精神，从组织路线服务政治路线的高度，始终围绕决战脱贫攻坚、决胜同步小康，分类施策、整体推进农村基层党建，大力提升农村基层党组织的组织力，把党员干部群众组织起来，凝聚起打赢脱贫攻坚战的磅礴力量。①贵州省在精神和物质方面关怀激励扶贫干部，同时留下容错纠错空间，激励脱贫攻坚新担当、新作为，这种创新机制以新理念引领发展，为打赢脱贫攻坚战、同步全面建成小康社会，提供了有力支撑。

1. 选优配强，选好基层扶贫领头人

2017年10月，贵州省委出台《关于进一步选优配强深度贫困地区村党组织书记的通知》，提出16条具体措施和要求，以"一好双强"（即政治素质好，带富能力强、协调能力强）和打赢脱贫攻坚战为标准，注重从农村创业带富能手、复员退伍军人、外出返乡能人、大学生村官等人员中选配村党组织书记，派强用好第一书记和驻村干部。全省选派7368名第一书记、4.3万名驻村干部，组成8519个工作组驻村帮扶，借力中央国家机关人才支持，中直单位先后选派34名干部到贫困村任第一书记。同时建立村党组织书记动态分析研判和调整机制，组织省市县三级组织部班子成员带队深入20个极贫乡镇和2760个深度贫困村，对"两委一队三个人"，②作用发挥情况逐一进行分析研判，对不适应脱贫攻坚需要的村党组织书记和村第一书记坚决进行调整。如贵阳市通过集中排查村级党组织书记履职情况，对121名不合格、不称职、不胜任的村党支部书记进行了调整。

2. 双重激励，调动干部工作积极性

双重激励指坚持精神激励和物质激励相结合，充分调动干部在新

---

① 农文成：《加强农村基层党建：专访贵州省委改革办主任李裴》，http://wemedia.ifeng.com/73089233/wemedia.shtml，2018年8月10日。
② "两委一队三个人"：村党支部、村委会，驻村工作队，村党支部书记、村委会主任及第一书记。

时代担当作为的积极性。贵州省结合实际情况采取了以下实践举措：一是建立村干部报酬增长机制。2018 年，省级财政每年增加投入 2.3 亿元用于提高村干部的报酬，所有县区每个村的村干部报酬和办公经费两项合计均高于 9 万元标准，村党组织书记报酬均高于当地农民人均可支配收入 2 倍标准。二是充分发挥县乡党委的统筹作用，全力推进村集体经济发展。2018 年全省集体经济积累 5 万元以上的有 7787 个村，占 57.19%，其中 100 万元的 592 个。三是便利生活。把村级组织活动场所建设成为集办公议事、党员活动、教育培训、便民服务、文体娱乐于一体的综合阵地，为生产生活提供多元化的便利服务。四是完善晋升机制。从 2017 年起，贵州省将贫困地区乡镇公务员和事业单位人员、第一书记和驻村干部年度考核优秀等次比例大幅度提高到 30%。2018 年统筹乡镇公务员职位，定向招录优秀村干部、第一书记和驻村干部 701 名，让干部扎得下根、干得舒心、有盼头、有干劲。五是立榜样、树典型。2018 年"七一"，贵州省委隆重表彰了 1000 名脱贫攻坚优秀党员、优秀党组织书记、优秀村第一书记和 500 个先进基层党组织，大力选树和宣传姜仕坤、文朝荣、余留芬、左文学、陈大兴等先进典型，发布"年份英雄十大人物"和"脱贫攻坚群英谱"，树立榜样，激励基层党员干部扎根基层、爱岗敬业、争创一流。

3. 容纠并举，鼓励干部担当有作为

贵州省委办公厅印发的《关于进一步激励广大干部新时代新担当新作为的实施意见》（以下简称《实施意见》）在容错纠错方面作了详细规定。在容错情形方面，容错的实施主体是各级党委（党组）及纪检监察机关、组织部门等相关职能部门。总的要求是按照习近平总书记提出的"三个区分开来"的精神，妥善把握事业为上、实事求是、依

纪依法、容纠并举 4 条原则，结合动机态度、客观条件、程序方法、性质程度、后果影响以及挽回损失 6 个要件，综合分析干部失误错误，该容的大胆容错，不该容的坚决不容。《实施意见》列出了大胆容错的 6 种情形，要求各地各单位在实际操作中坚持具体问题具体分析，切忌生搬硬套。既要大胆地容错，为勇挑重担、开拓进取、敢闯敢干的干部撑腰鼓劲；又要准确把握政策、纪法界限，坚决防止混淆问题性质，拿容错当"保护伞"，搞纪律"松绑"。在容错程序方面，坚持"谁问责、谁负责"，《实施意见》明确纪检监察机关、组织部门以及其他具有问责权限的部门，启动问责程序时，一并开展容错免责调查核实。调查结束后进行综合分析，区分不同情形作出决定。对实施主体、情形和程序进行明确，既便于实际操作，又利于及时容错纠错。坚持有错必纠、有过必改，对苗头性、倾向性问题早发现早纠正，要求及时为受到不实反映的干部澄清正名、消除顾虑，引导干部争当促进派、实干家，专心致志为党和人民干事创业、建功立业。

4. 开展技能培训，增强干部工作胜任力

贵州省积极开展相关培训，增强干部适应新时代发展要求的本领能力。在业务培训方面，从 2017 年开始由省市两级统筹安排，每年对 14 个深度贫困县 20 个极贫乡镇党政主要领导和 2760 个深度贫困村的第一书记、村党组织书记、村委会主任开展集中轮训，帮助提升履职能力。按照"缺什么、补什么"的原则，围绕农村脱贫攻坚需要，重点加强扶贫政策、项目建设、产业发展培训。在理论培训方面，运用大数据技术，加强对乡镇干部、"两委一队三个人"的线上培训和动态管理，充分利用党课、党建网站、远程教育网络等，通过集中培训、远程教育、现场培训等形式，重点抓好扶贫干部基本理论、基本路线、

基本方略等方面的学习培训，提高干部的整体素质和工作能力。

三、激励机制创新的特点及经验

贵州省不断完善制度条例，建立健全激励机制和容错纠错机制，为改革创新者撑腰鼓劲，让广大干部想干事、敢干事、能干事，充分引导广大干部投身扶贫一线。

（一）激励机制的特点

贵州省激励机制与容错纠错机制表现出明确导向，健全考核体系；完善制度，实施容纠并举；满怀热情，关心关爱干部；奖勤罚懒，严管厚爱结合的特点，切实营造了积极创想、敢想敢为的脱贫攻坚良好氛围。

1.明确导向，健全考核体系

贵州省树立正确导向，注重实干实绩实效考核，防止考核"形式化"和"痕迹化"，杜绝考核中的形式主义、官僚主义，真正把干部从一些无谓的事务中解脱出来，一心一意干事创业。改进年度考核，完善领导班子和领导干部年度考核办法，科学设置考核指标，客观评价干部实绩和表现。加强日常考核，通过日常谈话、专题调研、参加民主生活会以及对重点工作任务评估等方式，近距离接触干部，深层次了解干部。完善政绩考核，引导干部牢固树立正确政绩观，防止不切实际定发展目标、层层加码分解工作任务，切实解决表态多、调门高、行动少、落实差等突出问题，力戒形式主义、官僚主义。

2.完善制度，实施容纠并举

贵州省在建立容错纠错机制的同时，也完善相关制度，实现容错与纠错的有机结合和统一。建立健全容错纠错机制，坚持依纪依法和"三个区分开来"相结合，树立尽职免责、失职追责的鲜明导向，旗帜鲜明为敢于担当的干部撑腰鼓劲。对实打实干事创业的干部，即使犯错也给予更多理解和包容，彻底消除"多干多错、少干少错、不干不错"的消极心态，推动形成想干事、敢干事、能干事、干成事的良好风气。建立纠错整改制度，在容错纠错的过程中，逐步健全申诉救济制度，确保责任人和当事人有机会替自己举证解释和申诉申辩，以保证其合法权利，同时，确保错误认定与责任判定均符合实情，让容错纠错机制真正帮助干部卸下思想包袱，大胆工作，营造"鼓励创新、宽容失败"的浓郁氛围，引导干部争当改革的促进派、实干家，专心致志为党和人民干事创业、建功立业，书写时代大作为。

3.满怀热情，关心关爱干部

贵州省为一线扶贫干部提供物质和精神上的激励与关怀，充分调动干部在新时代担当作为的积极性，落实在提拔任用、交流重用、职级晋升等方面的优先政策，让干部辛苦不心苦，有劲头更有奔头。实实在在解决一线干部在工作中、生活中、家庭中遇到的困难，为脱贫攻坚干部排除后顾之忧，使其感受组织的关怀和温暖。例如贵州省毕节市领导通过走访座谈，疏解基层干部心结，建立各级领导干部到脱贫攻坚一线看望慰问干部的长效机制，与一线干部交心谈心，听取一线干部对脱贫攻坚的意见和建议，帮助解决困难和问题。

4.奖勤罚懒，严管厚爱结合

贵州省坚持从严管理与宽容保护相统一，旗帜鲜明支持和鼓励脱贫攻坚一线干部勇于担当、敢于突破、积极有为、依法作为。用好政策设计、工作部署、干部培训、监督检查、追责问责"五步工作法"，提高攻坚能力。实施经常性的督查巡查和最严格的考核评估，激励干部新时代新担当新作为，确保脱贫过程扎实、脱贫结果真实，使脱贫攻坚成效得到群众认可、经得起实践和历史检验。注重严管和厚爱、激励和约束的有机统一，既注意发挥从严管理干部的约束鞭策作用，又注重发挥关心关爱干部的保障激励作用。

（二）经验总结

自脱贫攻坚行动开展以来，贵州省各地区积极贯彻国家政策，依据激励机制与容错纠错机制的政策标准，开展关怀激励与容错纠错活动，提高扶贫干部攻坚一线的扶贫干劲。这些各具特色的激励机制与容错纠错机制虽然形式不同，但本质上也都体现出一些共性的贵州经验，贵州省走出了一条关怀激励和容错纠错的创新之路。

1. 素质过硬的一线干部是脱贫攻坚成败的关键

贵州省坚持好干部标准，突出"五个过硬"，即信念过硬、政治过硬、责任过硬、能力过硬、作风过硬，大力选拔敢于负责、勇于担当、善于作为、实绩突出的干部。贵州省突出实践实干实效，注重选拔贯彻落实中央和省委重大决策部署态度坚决、执行有力的干部，注重选拔在脱贫攻坚中表现优秀、实绩突出的干部。同时，实施脱贫攻坚全面培训，落实分级培训责任，保证贫困地区主要负责同志和扶贫系统干部轮训一遍。加大对贫困村干部培训力度，突出需求导向和实战化训练，每年对乡镇干部、村"两委一队三个人"进行专题培训。抓党建、夯基础，突出强化一线干部的引领功能。贵州各地大力推进村干部职业化管理，鼓励引导有大局意识、办事公道、作风正派、致富能力强的有志青年加入党组织，有效发挥了村党支部的战斗堡垒作用。

2. 因人制宜的激励机制是打造扶贫队伍的法宝

贵州省各市县将国家政策与现实情况紧密结合，立足各地区实际，从实际出发开展脱贫攻坚工作，注重总结推广探索新鲜经验。除此之外，总结推广各地建立激励机制和容错纠错机制的经验做法，组织学习培训，注重人文关怀，强化表彰奖励，鼓励大胆干事创业，充分调动脱贫攻坚一线干部的积极性，制定切实有效的激励机制与容错纠错机制，走适合本地的扶贫脱贫之路。在健全完善激励机制和容错纠错机制的基础上，适当加大对乡镇和村级经费的投入，有效激发基层阵地活力。例如六盘水市积极探索村干部职业化管理，村干部服务群众、服务经济社会发展的能力明显提升。

3. 上下联动的有效沟通机制是打通壁垒的举措

贵州省委健全定期沟通联系机制，建立各级领导干部到脱贫攻坚一线看望慰问干部的长效机制，建立一线干部工作交流群，通过定期不定期召开干部座谈会，与一线干部交心谈心，了解一线干部对脱贫攻坚的意见和建议，听取一线干部的思想、学习、工作情况汇报，帮助解决困难和问题，鼓励广大干部积极主动、身先士卒、敢闯敢干。与此同时，扶贫一线干部认真领会贯彻上级各项重要指示精神，以敢为人先的创新精神和"宁可干部脱皮，也要群众脱贫"的苦干实干精神，推动了各项政策的有效落地。

四、激励机制创新的启示及建议

贵州省在压实脱贫攻坚一线干部工作责任的同时，全面关心干部的思想和生活，关心个人成长和事业进步，走出了一条干部关怀激励、容错纠错新路。

（一）优化实施细则，完善操作和反馈流程

激励机制和容错纠错机制的制定和实施应坚持客观公正、公开透明的原则，既要厘清操作流程和实施程序，又要把握干部激励和容错纠错的尺度。

激励不是一味地物质经济激励和职务晋升提拔，而是既要注重干部的工作能力和工作实绩，又要通过观察干部对急难险重任务的处理态度看其工作作风、观察干部对名利权势的态度看其思想作风、观察干部对亲戚朋友人民群众的态度看其生活作风，[①]防止作风不合格的扶贫干部被"带病提拔"，引导牢固树立并践行良好作风，扶真贫、真扶贫，用心、用情、用力开展工作，做让人民满意的实事。

容错纠错操作流程和实施程序要从错误认定民主化、容错过程公开化、纠错方式动态化、结果运用公正化四个方面予以规范。在错误认定过程中，要广泛开展调查评定，明确容错事项产生的原因、决策过程、社会影响等，注重运用民主的手段和方式，增强评定调查结果的公信力。在容错程序启动方面，成立由组织部门、纪检监察部门、法制办等单位组成的专门性容错纠错评定工作委员会或工作小组，容错免责的程序包括"申请、核实、评定、处理、反馈、免责"六个环节。在申请环节，要明确免责申请的时限；在核实和评定环节，工作委员会或工作小组要提供书面的核查报告，对难以快速评定的，要给出评定时间，并在期满前公布结论，如有必要可召开听证会。审议决定要在规定的时限内送达申请单位和个人，并保障申请单位和个人的申诉权利。如果处理结果为免责，须及时通告追责部门停止追责。在

---

① 王琳：《用"硬尺度"量出好干部》，http://dangjian.people.com.cn/n1/2018/0614/c117092-30057680.html，2018年6月14日。

纠错过程中，应本着实事求是的态度，引导容错免责申请人自觉主动纠正错误，最大限度挽回损失和不良社会影响。[①] 在结果运用过程中，既要注重保护扶贫干部干事创业的积极性，又要有针对性地展开教育和管理，做到思想引领与纪律约束相结合、严格管理与热情关怀相结合、依纪依规与公平公正相结合，激励扶贫干部在敢担当中创造新业绩，在善担当中展现新作为，在遵纪守法中作出新表率。[②]

（二）强化教育培训，提升理论和实践能力

紧抓一线扶贫干部教育培训是扶贫工作顺利开展的基础，是干部激励机制的重要组成部分。教育培训是党内精神关怀的常见方式，树立典型榜样，用模范人物的事迹来激励感染党员干部，鲜明的口号和标语是党内精神关怀的特有方式。[③] 扶贫干部是开展扶贫工作的主体，其素质和水平将直接影响所委派村的发展和脱贫情况，因此，要强化干部教育培训，提升理论素养和实践能力。一方面，可以通过集中学习扶贫政策、交流工作经验、解决工作难题等方式，切实提升扶贫干部的工作能力和水平，增强其为民服务的本领。另一方面，还可以开展心理学、交际礼仪、电子商务、一线工作法等特色培训课程，有效提升扶贫干部与贫困群众和基层干部打交道、干工作的能力和水平。贵州省铜仁市扎实开展脱贫攻坚一线干部全员培训工程，通过轮训、挂职等方式，提升一线干部理论知识、实践能力和基层服务本领，这类举措能够切实提升扶贫干部的理论素养和实践能力，是一个有益的

---

① 闫辰：《全面从严治党视域下党员领导干部正向激励与容错纠错机制建设：逻辑与路径》，《中共珠海市委党校珠海市行政学院学报》2018 年第 3 期。
② 孙博：《容错纠错需要把握的几个问题》，《中国纪检监察报》2016 年第 8 期。
③ 贾岚：《论党内精神关怀》，《中共南宁市委党校学报》2014 年第 2 期。

尝试。

（三）推进文化建设，形成全方位支持网络

营造关怀激励、容错纠错的文化氛围，是打赢脱贫攻坚战必不可少的政治环境。首先，拓宽心理诉求和援助途径，引导干部疏压解郁，保持积极健康的良好心态，激情干事，安心奋斗。其次，既要激励奋发有为，又要防止蛮干乱为，彻底解决改革进程中"不敢试、不敢为、不担当"的问题。最后，立榜样树典型，形成向榜样看齐的良好氛围。各级宣传部门可以通过大力宣传优秀典型事迹，推广成功的扶贫经验和做法，①组织部门可通过向优秀的驻村基层干部授予"终身荣誉村民"称号等方式，②增强驻村干部责任感、成就感、荣誉感，增强干部工作动力。

扶贫干部的工作与生活也离不开原单位、上级部门、家庭以及全社会的支持，形成全方位社会支持网络显得尤为重要。首先，原单位应减轻扶贫干部的工作压力。驻村干部担负着原单位繁重的工作任务和脱贫攻坚重任，兼顾两方面的工作容易造成工作效率大打折扣，铜仁市印江县明确要求驻村干部实行全职驻村，与原单位工作完全脱钩，是一个很好的举措。其次，建立各级领导干部到脱贫攻坚一线看望慰问扶贫干部的长效机制，上级部门领导应善用谈心谈话这一法宝，不仅在落实重大任务、提拔任用等关键时刻谈，更要在平时的工作和生活中谈，及时释疑解惑，鼓励广大干部积极主动、身先士卒、敢闯敢

---

① 李侑峰、韦小玲：《新形势下"第一书记"脱贫攻坚工作面临的困境及对策思考》，《理论建设》2017年第3期。

② 兰奎、王洪辉：《驻村"第一书记"精准扶贫效能提升研究——以四川革命老区W市为例》，《四川理工学院学报（社会科学版）》2018年第2期。

干。再次，家庭成员是提供情感支持的重要主体。扶贫干部是脱贫攻坚战中的冲锋者，家人的关怀和理解是扶贫一线干部踏实工作的定心丸和强心剂，是最坚强的后盾和精神港湾。最后，宣传部门要大力营造保护干部干事创业的舆论氛围，加快形成"敢于担当、包容失误"的社会共识。针对免责单位和个人的审议决定，要及时向社会公开，并做好舆论引导工作，争取社会公众对改革创新者的宽容和理解，为改革创新者继续大胆探索、大胆尝试提供支持，尽最大努力保护扶贫干部改革创新的积极性。

（四）优化考评机制，构建立体化监督体系

考核是检验干部的"试金石"，优化考核评价体系是保障打赢脱贫攻坚战的重要作用机制。一是完善定期报告制度，积极主动自纠自查。扶贫干部主动汇报工作，进行自纠自查，对苗头性、倾向性问题早发现早纠正，做到抓早抓小、防微杜渐，对已经发生的失误错误及时采取补救措施，并加强对工作失误错误的反思和总结，认真分析错误成因，最大限度避免犯重复性错误。铜仁市印江县采取的每周自查、每月上报工作推进情况、每季度开展交叉督查的形式值得推广。

二是构建立体化考核监督体系，强化常态管理监督。既要有纵向"自上而下"和"自下而上"的监督考核，又要有横向扶贫干部之间的相互评价。在考核监督中，坚持保护干部不犯错误、少犯错误的鲜明导向，把谈话提醒、函询诫勉等管理监督手段用在前面。一方面可以通过大力推行"互联网+"考核模式，建立完善动态性常态化一线跟踪考核机制，推动考核监督方式从年终考核为主向日常考核、定期考核、专项巡视、阶段督查并重转变，多渠道、多层次、多角度动态掌握实际情况，尤其在指标完成过程中是否经常下基层了解群众所思所

想、解决贫困群众困难问题，以及推进重点工作、完成重大任务、应对突发事件中的具体表现，在日常考核中摸清实情、画准"肖像"。另一方面可以探索建立末位淘汰制，发挥负向激励作用。实行淘汰机制必须慎重，要根据基层党政干部的现实情况，在不破坏其对政府组织的向心力和归属感的基础上，在不同层级、不同岗位上，有选择地进行，立足教育、改造的基础上加以灵活运用。与此同时，做到考核结果与领导班子和领导干部奖惩相互挂钩，建立"能者上、庸者下、劣者汰"的有效机制。

第十章

解决深度贫困
问题的创新

党的十八大以来，党中央把贫困人口脱贫作为全面建成小康社会的底线任务和标志性指标，在全国范围内打响了脱贫攻坚战。深度贫困地区在 2020 年如期实现脱贫攻坚目标，难度之大可想而知。脱贫攻坚本来就是一场硬仗，而深度贫困地区脱贫攻坚是这场硬仗中的硬仗。

一、解决深度贫困问题的背景和意义

如何摆脱贫困中的"贫困"？学界给出了一些学理性回应。韩晓杰等运用田野调查法，采用问卷和深度访谈的形式，通过实地走访燕山—太行山地区的 7 个深度贫困县后指出，需要从思想扶贫、就业创业扶贫、医疗扶贫、金融扶贫四个方面，提升深度贫困地区脱贫的内生动力。左停等认为，随着市场经济的发展，常规的开发项目扶贫这种硬性干预需具备的条件和要求越来越高，对深度贫困人口的适应性挑战也越来越大。相比之下基本公共服务减贫的路径属于软性干预，能够在开发项目扶贫路径之外提供新的适应性更强的减贫路径。基本公共服务和具有针对性的社会服务能够帮助贫困人口打破内、外困境，拓展贫困人口的生存能力，提升贫困人口的幸福指数。[1]徐伍达通过对全国唯一一个省级深度贫困地区——西藏的研究指出，深度贫困地区

---

① 左停、徐加玉、李卓：《摆脱贫困之"困"：深度贫困地区基本公共服务减贫路径》，《南京农业大学学报（社会科学版）》2018 年第 2 期。

应遵循精准扶贫精准脱贫基本方略，推进深度贫困地区扶贫供给侧结构性改革，通过精准施策解决突出制约问题，提高脱贫的质量和效益，构建深度贫困群体稳定脱贫的长效机制。[①]

上述观点基本代表了当前有关深度贫困地区脱贫问题的三类主要观点。简而言之，韩文强调深度贫困地区硬件设施的提升，左文则注重深度贫困地区公共服务的完善，徐文更关注解决深度贫困地区制约因素的质量和效益问题。抛开上述研究成果的重要启示意义，实际上并没有跳出就问题谈问题的自我设限，深度贫困地区的贫困成因并不是单一因素所造成的，是个体贫困与社区贫困交织、外在贫困和内在贫困扭结的多维贫困综合体。[②] 深度贫困地区脱贫需要置于区域发展的整体视野中进行考察，没有区域整体发展，扶贫开发难以取得根本成效，即使有，其效果也难以持久。我们认为，坚持区域发展与扶贫开发协同，为稳定脱贫提供保障。同时，扶贫开发开展也能够为区域发展形成新的增长点，促进区域产业结构的调整和优化，有效提高区域竞争力。我们以贵州省为样本，选取贵州省县级层面的典型案例，进行解剖麻雀式的全面、精细的"特写式"观察和检视。"麻雀虽小，五脏俱全"，通过实地调研、参与式观察以及文献研究等方法，透过"麻雀"，对于贵州省创新解决深度贫困问题的脱贫路径进行梳理和总结，力图比较完整地呈现区域发展与精准扶贫之间的辩证关系以及贵州省在深度贫困地区脱贫中的实践和探索。

---

① 徐伍达：《西藏打赢深度贫困地区脱贫攻坚战的路径选择》，《西南民族大学学报（人文社会科学版）》2018年第5期。
② 高飞、向德平：《找回集体：西藏治理深度贫困的经验与启示》，《中国农业大学学报（社会科学版）》2018年第5期。

二、解决深度贫困问题的政策演变

从长时段的历史视角来看，贫困问题自人类社会诞生之日起，便如影随形。有学者将中国反贫困历程概括为救济式、开发式、精准式、共享式四个阶段。[①]中华民族自古以来就有着守望相助、扶危济困的优良传统，这在生产力并不发达的前现代社会发挥过积极功能。[②]改革开放之后，为了解决人们生产积极性不高、土地产出率低的普遍问题，政府通过制度改变激发农村内部的生产力，以体制改革带动经济发展，通过土地制度、市场制度、就业制度等制度改革实现脱贫，依靠改革焕发出蕴藏在农村中的生产力，使长期生活于贫困线下的广大农民摆脱了贫困，此为第一阶段。20世纪90年代，社会主义市场经济体制的确立为贫困地区的长足发展提供了前所未有的契机和更为广阔的前景，绝大多数农村地区在改革开放中实现了发展进步。但由于历史条件差异、发展基础有别，不同地区的发展差距逐步扩大，中国农村发展不平衡的问题开始凸显。1984年，国务院发文明确要求集中力量解决十几个连片贫困地区的问题。并在1986年出台的"七五"（1986—1990年）国民经济发展计划中将扶持"老、少、边、穷"地区发展列入规划。与此同时，成立专门的国务院贫困地区经济开发领导小组，开始实施有计划、有组织、大规模的扶贫开发工作。与早期的救济相比，这一阶段更加注重开发。2011年5月，中国颁布实施了《中国农村扶

[①] 向德平、高飞：《政策执行模式对于扶贫绩效的影响——以1980年代以来中国扶贫模式的变化为例》，《华中师范大学学报（人文社会科学版）》2013年第6期。
[②] 高飞：《精准扶贫与民间组织转型：基于政治—过程的二维分析》，《中南民族大学学报（社会科学版）》2018年第5期。

贫开发纲要（2011—2020 年）》(以下简称《纲要》),《纲要》指出,从总体来看中国扶贫开发已经从以解决温饱为主要任务的阶段转入巩固温饱成果、缩小贫富差距的新阶段。需要指出的是,长期以来政府治理贫困的路径依赖衍生了诸多弊端,比如"撒胡椒面"式的资金投放方式,很难发挥规模效应。2013 年 11 月,习近平总书记在湖南湘西考察时提出"精准扶贫"。2014 年 1 月中共中央、国务院印发了《关于创新机制扎实推进农村扶贫开发工作的意见》,《意见》中首次提出了建立精准扶贫工作机制的若干举措,并对新一轮扶贫开发工作从战略层面做出了统揽全局的规划。2015 年,中共中央、国务院印发了《中共中央 国务院关于打赢脱贫攻坚战的决定》,将"精准扶贫"确立为脱贫攻坚的重要方略,此为精准阶段。2017 年 6 月 23 日,习近平总书记在山西省太原市主持召开深度贫困地区脱贫攻坚座谈会,研究推进深度贫困地区脱贫攻坚工作。此次会议是脱贫攻坚战役的重要环节,标志着共享式扶贫阶段的开端。

共享式扶贫意即让全体人民共享改革开放的成果,将改革开放以来经济社会建设取得的成果惠及贫困地区的人民。根据《中共中央 国务院关于打赢脱贫攻坚战的决定》和习近平总书记在深度贫困地区脱贫攻坚座谈会上的重要讲话精神,2017 年 9 月 25 日,中共中央办公厅、国务院办公厅印发了《关于支持深度贫困地区脱贫攻坚的实施意见》(以下简称《意见》)。

《意见》指出,各地区各部门要深刻认识深度贫困地区如期完成脱贫攻坚任务的艰巨性、重要性和紧迫性,坚持精准扶贫精准脱贫基本方略,坚持中央统筹、省负总责、市县抓落实的管理体制,坚持专项扶贫、行业扶贫、社会扶贫"三位一体"大扶贫格局,以解决突出制约问题为重点，以重大扶贫工程和到户帮扶措施为抓手，以补短板为突破口，以抓党建促脱贫攻坚为组织保证，强化支撑保障体系，加大政策倾斜力度，集中力量攻关，万众一心克难，确保深度贫困地区和贫困群众同全国人民一道进入全面小康社会。习近平总书记在党的十九大报告中提出要动员全党全国全社会力量，坚持精准扶贫、精准脱贫，坚持中央统筹、省负总责、市县抓落实的工作机制，强化党政一把手负总责的责任制，坚持大扶贫格局，注重扶贫同扶志、扶智相结合，深入实施东西部扶贫协作，重点攻克深度贫困地区脱贫任务，确保到二〇二〇年我国现行标准下农村贫困人口实现脱贫，贫困县全部摘帽，解决区域性整体贫困，做到脱真贫、真脱贫。

继党的十九大报告提出深度贫困相关内容与习近平总书记在深度贫困地区脱贫攻坚座谈会上的重要讲话和《意见》之后，政府各部门相继出台了一系列配套政策，如 2018 年 1 月 15 日，教育部、国务院扶贫办印发《深度贫困地区教育脱贫攻坚实施方案（2018—2020 年）》强调，以"三区三州"为重点，以补齐教育短板为突破口，以解决瓶颈制约为方向，充分调动各方面积极性、主动性和创造性，采取超常规举措，推动教育新增资金、新增项目、新增举措进一步向"三区三州"倾斜，切实打好深度贫困地区教育脱贫攻坚战。

2018 年 6 月 6 日，工业和信息化部在印发的《关于推进网络扶贫的实施方案（2018—2020 年）》中提出，进一步聚焦深度贫困地区，更好发挥宽带网络优势，助力打好精准脱贫攻坚战。之后，中央网信办、国家发展改革委、国务院扶贫办、工业和信息化部联合印发的《2018 年网络扶贫工作要点》中明确指出，加大对深度贫困地区的网络扶贫工作力度，聚焦深度贫困地区和特殊贫困群体，开展"网络扶贫——深度贫困地区行"活动，推动深度贫困地区电商扶贫，加快民族语言语音技术研发应用和推广等。2018年6月14日，国家发展改革委、财政部、交通运输部、文化和旅游部、中国铁路总公司联合印发了《"三区三州"等深度贫困地区旅游基础设施改造升级行动计划（2018—2020年）》。2018年6月15日，《中共中央 国务院关于打赢脱贫攻坚战三年行动的指导意见》中指出，集中力量支持深度贫困地区脱贫攻坚。在以后的扶贫行动中，要着力改善深度贫困地区发展条件；着力解决深度贫困地区群众特殊困难；着力加大深度贫困地区政策倾斜力度。2018年10月10日，国家发改委印发《"三区三州"等深度贫困地区旅游基础设施提升工程建设方案》。

贵州省根据中央政策结合本地实际，2017年8月6日，省委办公厅、省政府办公厅出台了《贵州省深度贫困地区脱贫攻坚行动方案》，（以下简称《方案》）。《方案》明确到2020年，贵州省现行标准下深度贫困地区建档立卡贫困人口实现脱贫，14个深度贫困县全部摘帽，20个极贫乡镇全部退出，2760个深度贫困村全部撤出序列，坚决打赢深度贫困地区脱贫攻坚这场硬仗。2017年8月30日，贵州省民政厅出台了《贵州省深度贫困地区民政兜底脱贫攻坚行动实施方案》，充分发挥民政兜底脱贫重要作用，攻克贵州省深度贫困最后堡垒，确保打赢脱贫攻坚战，同步实现全面小康。2018年3月21日，《贵州省助力深度贫困县与极贫乡镇脱贫攻坚人才需求白皮书》发布。2018年6月16日，贵州省扶贫开发领导小组办公室出台《关于注重扶贫同扶志、扶智相结合大力开展精神扶贫的实施意见》。2018年10月30日，贵州省扶贫办联合中国人民财产保险贵州省分公司印发《深度贫困地区扶贫保险试点工作的实施方案》，旨在深度贫困地区开展产业保险，配套融资，推进深度贫困地区发展产业，带动贫困农户创收脱贫。同时，提高农户参保积极性，保障农业生产的稳定性、可持续性，巩固脱贫成果。2018年10月15日，《〈省教育厅关于实施贵州省深度贫困地区教育精准脱贫三年攻坚行动（2018—2020年）〉的通知》发布。2019年10月24日，《贵州省2019年脱贫攻坚工作要点》发布，再次强调聚焦深度贫困地区脱贫攻坚。

通过对国家层面和贵州省层面针对深度贫困地区政策的系统梳理，可见上述政策的主体对象均是新阶段深度贫困地区和特殊类型贫困人口，而具体措施则是需要采用超常规手段和创新机制，短期长期帮扶结合，短期内重点解决贫困人口生活问题，长期则需要重点解决发展动力和能力不足问题，并实施兜底政策。[1]2019年3月7日，习近平总书记在参加十三届全国人大二次会议甘肃代表团审议时，就脱贫攻坚强调指出，"现在距离2020年完成脱贫攻坚目标任务只有两年时间，正是最吃劲的时候，必须坚持不懈做好工作，不获全胜、决不收兵"。"要坚定信心不动摇"，"要咬定目标不放松"，"要整治问题不手软"，"要落实责任不松劲"，"要转变作风不懈怠"。

三、解决深度贫困问题的实践探索

贵州省位于我国地形地貌自第二阶梯过渡到第三阶梯的中间段，全省以山地和高原为主，很难找到一块像样的平原，人们常说的"八山一水一分田"形象地概括了贵州的地形地貌特征。复杂的地形使得贵州交通闭塞，贸易和经济交流匮乏，多年来一直处于贫穷落后状态。

---

① 汪三贵、曾小溪：《改革开放40年中国扶贫政策的演进及脱贫攻坚的难点和对策》，《农业经济问题》2018年第8期。

全国一共有 14 个集中连片特困地区，贵州一省就占了 3 个，它们分别是武陵山区、乌蒙山区和滇桂黔石漠化区。关键是，这三个片区还占据了贵州大部分面积，正如民谚所形容的"地无三里平，天无三日晴，人无三两银"。"十二五"以来，特别是党的十八大以来，贵州省委、省政府认真贯彻落实习近平总书记关于扶贫工作的重要论述，把扶贫开发作为贵州最大的民生工程来抓，创新机制，突出重点，整体推进，走在了全国前列。[①] 随着中国步入新的发展阶段，中央高度重视扶贫工作，提出精准扶贫理念，2016 年我国圆满完成了减少农村贫困人口 1240 万的扶贫任务。贵州作为全国脱贫攻坚"主战场"，在实践中不断积累经验并进行创新，2016 年减少贫困人口 120.8 万，为我国脱贫攻坚作出了较大贡献。[②] 因此，总结贵州省创新解决深度贫困问题的实现路径不仅是必要的也是重要的。这条实现路径可以概括为：区域发展与扶贫开发协同，基层治理与精准扶贫并重。下面将选取贵州省治理深度贫困地区的典型做法和经验进行阐述。

《国务院关于进一步促进贵州经济社会又好又快发展的若干意见》指出，"贫困和落后是贵州的主要矛盾"，针对贵州的贫困问题，要将贵州建设为"扶贫开发攻坚示范区"。怎样才能做到这一点？这是一项十分重大的任务。[③] 2017 年 8 月 5 日，省委办公厅、省政府办公厅发布了《贵州省深度贫困地区脱贫攻坚行动方案》。《方案》结合国家对深度贫困地区的划分标准，从贵州省的实际情况出发，综合考虑贫困

---

① 黄承伟：《脱贫攻坚省级样本——贵州精准扶贫精准脱贫模式研究》，社会科学文献出版社 2016 年版。

② 范国旭、王志凌：《贵州精准扶贫的现状、措施、成效与发展探讨》，《改革与开放》2017 年第 15 期。

③ 洪名勇主编：《贵州贫困问题研究报告》，经济科学出版社 2013 年版。

人口规模、贫困发生率、农村居民人均可支配收入等指标，明确提出贵州省深度贫困区可分为深度贫困县、极贫乡镇和深度贫困村三个层次。深度贫困县包括望谟、册亨、晴隆、剑河、榕江、从江、紫云、纳雍、赫章、威宁、沿河、水城、三都、正安等 14 个县；极贫乡镇包括威宁自治县石门乡、晴隆县三宝乡、从江县加勉乡、赫章县河镇乡、望谟县郊纳镇等共计 20 个贫困乡镇；深度贫困村包括贫困发生率 20%以上的 2760 个贫困村。[①]针对上述三个层面的深度贫困地区，贵州省遵照国家层面的政策安排，结合自身实际情况出台了一系列的指导政策和相关的实践举措。我们以深度贫困县正安县为典型，介绍贵州省解决深度贫困问题的实践经验。

正安县是贵州省 14 个深度贫困县之一、遵义市唯一一个深度贫困县，贫困面广、贫困程度深、基础设施落后、产业覆盖不足是导致正安县深度贫困的"四大主因"。2016 年底，正安县贫困发生率为 8.35%，比遵义市贫困发生率（4.9%）高 3.45 个百分点；贫困人口总量还有 14455 户 50090 人，位居遵义市之首；且贫困人口分布广，贫困人口分布在 19 个乡镇 152 个行政村，遍布全县所有乡镇、村。

（一）解决深度贫困问题的举措及成效

1. 完善推进机制，强化组织领导。建强攻坚队伍，实行脱贫攻坚"双组长"制，县级成立了由县委书记、县长任组长，35 个政府部门主要负责人为成员的扶贫开发领导小组；将县扶贫办调整为政府工作部门，乡镇单设扶贫工作站，村设立扶贫专职干部，建立起了县乡村三级扶贫工作体系。健全推进机制，县委每半个月听取一次工作汇报，

---

① 参见《贵州省深度贫困地区脱贫攻坚行动方案》（黔党办发〔2017〕24 号）。

每月一次集中调度，每两个月召开一次大会，适时调整推进情况，确保各项工作有序实施、高效运转。

2.全力抓好精准识别，全面夯实扶贫基础。2014年以来，按照国家和省市的统一部署，正安县有计划、有组织地开展了贫困村、贫困户精准识别工作；2015—2016年先后开展了建档立卡"回头看"，逐村、逐户、逐人、逐项对贫困对象的信息数据进行核实。2017年以来，全县按照"六步、六清、九规范"，通过全面的数据梳理，锁定了全县建档立卡扶贫对象31623户125558人。

3.强力推进基础设施建设，着力改善农村基础条件。2011—2016年，共投入财政扶贫资金4.13亿元，投入到通组、通寨公路及产业路、扶贫生态移民等项目建设，累计硬化村组公路、产业路共680公里，实施扶贫生态移民工程1200户；整合各部门涉农资金5亿元，实施农网改造、水利工程、易地扶贫搬迁工程等。此外，累计实施农村危房改造18463户147.7万平方米，新建保障性住房2359套，实施易地扶贫搬迁5307户23980人。2017—2018年为农村基础设施改善集中攻坚期，将整合和争取各类资金实施全县144个村整村推进，全面推进水、电、路、信、房、寨，确保农村全面实现"六通""四有"目标。

4.强力推进产业扶贫，增强贫困人口自我发展能力。在产业扶贫上，围绕"人均一亩茶、户均两亩果、百万优质家禽助增收"，"长线扭住茶瓜核、年度攻坚烟畜粱、季度增收禽菜果"的目标，因户施策，实现"一户一产业"全覆盖。截至2017年，正安县共发展茶叶36万亩、蔬菜18万亩、核桃20万亩、牛羊20万头、家禽300万羽等。以园区建设为平台，探索以"公司＋基地＋农户"为主的扶贫模式，着力在"三变"上探索新路，正安县共建扶贫产业园区25个，发展扶贫龙头企业 19 家，组建农民专业合作社 66 个，扶贫利益联结贫困人口 5.2 万。

5. 实施教育扶贫，增强贫困群众内生动力。大力开展"雨露计划"助学工程，2015—2016 学年教育精准扶贫资助高中、中职和大学学生共 2714 人；2016—2017 学年，经省比对通过教育精准扶贫学生 3469 人；普通高中、职校清退免收学杂费学生 1861 人，资助金额 118.923 万元；发放就读省外学校精准扶贫资金 211.377 万元，资助学生 449 人。同时，大力推进"农民夜校"工程，累计开展茶叶、核桃、养羊等产业技术培训 30 期 1.2 万人次。

6. 拓宽扶贫投入渠道，突出抓好金融扶贫。充分发挥财政补助资金的激励引导和杠杆作用，加大扶贫信贷资金的投放力度。一方面瞄准贫困户，推出扶贫小额"特惠贷"，向贫困户发放 5 万元以内免担保抵押贷款，从 2014 年起共利用财政扶贫资金 8775 万元，撬动农村信用社发放扶贫小额贷款 5.85 亿元，支持 13200 户建档立卡贫困户发展生产。另一方面通过与国开行深入合作，安排财政资金 9000 万元用于国开行贷款贴息，发放国开行贷款 4 亿元，直接支持了 17 家企业、合作社，2000 多户贫困户增收。

7. 推进社会扶贫，凝聚扶贫攻坚合力。抓住上海援黔、集团帮扶、党建扶贫、国开行挂帮等机遇，大力推进社会扶贫工程，共争取世界银行发展项目资金 7500 万元，支持茶叶、核桃、中药材专业合作社 5 个；争取国家烟草专卖总局资金 1600 万元，实施了 8 个烟草扶贫新村示范点；争取上海杨浦区帮扶资金 5000 万元，实施项目 44 个。通过援建、挂帮和引导社会力量参与扶贫，从 2014 年起共引导、整合各类资金 5.2 亿元。

8.推进政策精准落地，实现和谐发展。精准开展健康扶贫，确保精准扶贫对象政策范围内医疗保障水平达95%以上，并将建档立卡贫困户全部纳入农村合作医疗参保。2017年县财政预算1200万元用于报销经费保障，建档立卡户在乡镇住院报销比例达100%，在县级医院就医按95%报销。截至2017年10月，已有6605人次享受医疗救助，共计救助金额达2300万元，保障水平达95.23%。通过全面实施民政贫困兜底保障，实现全县现有建档立卡低保户、五保贫困户为保障覆盖对象全覆盖，确保兜底脱贫。

（二）经验总结

1.突出区域特色，科学规划布局。在产业扶贫上，围绕"人均一亩茶、户均两亩果、百万优质家禽助增收"，"长线扭住茶瓜核、年度攻坚烟畜粱、季度增收禽菜果"的目标，因户施策，实现"一户一产业"全覆盖，独特的交通、区位、资源环境和农业基础优势得以充分利用。正安县党委、政府高度重视产业发展，并把产业扶贫作为推进农业转型升级的重要举措来抓，成立了相应工作领导小组，组建了办事机构，充实办公力量，明确责任分工，形成工作合力。

2.优化发展模式，实现利益联结。正安县积极探索"政府引导＋公司流转土地种植或专业合作社、大户流转土地种植＋基地＋农户到基地务工"或"政府引导＋公司流转土地种植或专业合作社、大户流转土地种植＋基地＋农户以土地入股"的运作模式，引导专业合作社和农户参与园区建设，建立利益联结机制，降低单户种植风险，形成全产业链"利益共享"的运营模式，共建扶贫产业园区25个，发展扶贫龙头企业19家，组建农民专业合作社66个，利益联结贫困人口5.2万。

3. 借力起飞，夯实社会扶贫力量。正安县紧紧围绕"政府主导、社会帮扶、群众参与"和"夯实基础、改变环境、改善生活"的思路，夯实基础、改变环境、改善贫困地区面貌。

4. 围绕教育培训，加大贫困农户转移就业力度。继续实施"雨露计划"，抓好中等职业教育培训和创业就业培训。大力开展"雨露计划"助学工程，2015—2016 学年教育精准扶贫资助高中、中职和大学学生共 2714 人；2016—2017 学年，经省比对通过教育精准扶贫学生 3469 人；清退、免除普通高中、职校学杂费学生 1861 人，资助金额 118.923 万元；发放就读省外学校精准扶贫资金 211.377 万元，资助学生 449 人。同时，大力推进"农民夜校"工程，累计开展茶叶、核桃、养羊等产业技术培训 30 期 1.2 万人次。

四、结论及建议

习近平总书记在深度贫困地区脱贫攻坚座谈会上讲话指出，党中央确定的中央统筹、省负总责、市县抓落实的管理体制得到贯彻，"四梁八柱"性质的顶层设计基本形成，五级书记抓扶贫、全党动员促攻坚的氛围已经形成，各项决策部署得到较好落实。"十二五"以后特别是党的十八大以来，贵州省委、省政府认真贯彻落实习近平总书记关于扶贫工作的重要论述，把扶贫开发作为贵州最大的民生工程来抓，创新机制，突出重点，整体推进，走在了全国前列。[①] 新的历史减贫时期，贵州省按照"区域发展带动扶贫开发、扶贫开发促进区域发展"思路统筹解决深度贫困地区的脱贫问题，具有一定的历史依据和现实

---

① 黄承伟、叶韬、赖力：《扶贫模式创新——精准扶贫：理论研究与贵州实践》，《贵州社会科学》2016 年第 10 期。

意义。

（一）以发展和生态两条底线统领深度贫困治理

坚决贯彻习近平总书记"绿水青山就是金山银山"的重要指示，充分发挥市场机制作用，与时俱进深化旅游产业转型升级，把旅游业培育成主导产业，带动相关产业融合发展。旅游业是关联度大、带动性强、涉及面宽的综合性支柱产业，抓好旅游产业有利于提高贫困地区人们生活质量和幸福指数。着力在体制改革、特色培育、业态创新、政策扶持等方面进行先行先试，大力推进旅游产业融合发展，全力破解条块分割、各自为政、工作合力不足等问题。发展旅游产业，不仅要重视"吃、住、行、游、购、娱"旅游六要素，还要重视"自然、文化、社会、生产"四要素，提高景区文化品位与内涵，保护优美自然环境，增强景区吸引力，发挥核心竞争力作用，使各项要素合理配置，处理好共融发展利益，才不会影响旅游综合改革成果。

（二）打造深度贫困地区脱贫攻坚的典型

在我国的反贫困行动中，政府的作用是至关重要的。建立有效的反贫困治理结构，就是要有效地发挥政府在反贫困治理中的重要作用。[①]贵州通过调动政府、市场和社会多方的力量，构建了一个扶贫主体开放、扶贫领域开放、扶贫资源开放、扶贫方式开放的全方位开放式扶贫治理结构，探索出了开放式扶贫的多种地方模式，形成了开放式扶贫的贵州经验。在脱贫攻坚阶段，需要在政府、市场与社会的大扶贫开发框架下，完善激励多元主体参与的体制机制，化解开放式扶贫的资源困境，建立科学严谨的监控手段，开展因地制宜的扶贫实践，

---

① 中国（海南）改革发展研究院《反贫困研究》课题组编：《中国反贫困治理结构》，中国经济出版社1998年版。

才能发挥出开放式扶贫的社会效能，助力贫困人口脱贫并同步小康。[①]
坚持政府主导、市场决定、社会参与的原则，全面贯彻落实习近平总
书记在深度贫困地区脱贫攻坚座谈会上的讲话精神，科学研判新形势
下贵州省经济发展新常态和扶贫工作的关系，准确把握新时代下脱贫
攻坚的战略定位，探索深度贫困治理工作新理念、新路径、新举措，
抓住用好扶贫新机遇，推进精准扶贫、同步小康新常态工作。瞄准深
度贫困地区的深度贫困户目标，在脱贫摘帽上下功夫。将深度贫困地
区的贫困人口分解落实到各县（区），并与县（区）签订脱贫目标责任
书，确保任务分解落实到位。制定强有力脱贫措施，重点在拟脱贫摘
帽县区和乡镇实施项目，对脱贫对象有针对性地扶持，确保脱贫任务
圆满完成。实施"摘帽不摘政策"激励机制，实现贫困地区经济效益、
社会效益、生态效益同步提升。

（三）分类施策，突出特色，在产业带动上增能提效

深度贫困人口人力资本缺乏，就业竞争力差，最直接的脱贫手段
就是依赖规模化组织化的产业扶贫。应充分强调产业发展过程中资源
利用与贫困人口获利与发展间的关系，强调贫困人口的实质参与，增
强市场意识的培训和引导，以制度设计充分保证贫困人群参与资源分
配收益。[②]立足深度贫困地区贫困对象实际，科学制订帮扶计划，分
类实施帮扶。进一步抓好建档立卡工作，规范贫困对象进退机制，夯
实基础，挤出水分。继续发挥干部驻村作用，着力实施"六个到村到
户"，集中资源帮助贫困地区脱贫致富。发挥贫困地区资源、区位、文
化等资源优势，做强十大扶贫产业，壮大村级集体经济。重点发展高

---

① 向德平、叶青：《贵州开放式扶贫的探索与思考》，《贵州社会科学》2016 年第 2 期。

② 郭利华：《赋予深度贫困人口可持续脱贫的能力》，《光明日报》2017 年 11 月 7 日。

山生态有机茶叶、核桃、生态畜牧等山地特色优势产业。加快扶贫示范园区建设，集中力量打造产业示范带、示范点，提升农业产业化发展水平。进一步完善利益联结机制，使产业链扶贫成为促进农民增收的新引擎。

（四）实现区域整体发展和精准扶贫到户同步推进

尽管有人认为贫困是一种短暂的现象，但有证据显示出持续贫困的更高相关性。因此，需要采取不同的政策措施妥善解决这些问题。着力抓好项目库建设，择优选取和储备适宜本地发展的项目。重点推进基础设施、公共服务、扶贫生态移民等项目建设。进一步做好两项制度有效衔接，完善深度贫困地区社会保障体系，大力发展深度贫困地区医疗卫生事业，推进公共服务事业发展向深度贫困地区延伸。利用"乌蒙山片区区域发展与扶贫攻坚规划"平台，在政策、资金和项目的争取上多做文章，通过争取政策倾斜扶持、重大项目落地建设，实现区域整体推进和精准扶贫到户"两个轮子"同步运转。

（五）引导社会资源聚集到深度贫困地区

认真实施"雨露计划"、劳动力转移培训、农村实用技术培训、《贵州省创新职教培训"1户1人"三年行动计划》等项目，解决贫困学生上学难、圆梦难问题，提升贫困地区劳动力就业创业水平。把扶志和扶智结合起来，开展扶贫政策宣讲活动，增强深度贫困地区农民脱贫致富信心，激活贫困对象自我发展潜能。深度贫困地区现在面对着前所未有的关注和扶持，要把握好来之不易的大好机遇。脱贫攻坚更加需要强化落地，像"吹糠见米"一样把资源配置到合理、高效的地方。^①通过"扶贫日""扶贫资源送下乡""百企帮百村"等活动，把社会闲散资源引导聚集到扶贫开发中来。建设社会扶贫信息平台，开展扶贫济困"直通车"及"春晖行动"，实现扶贫对象和帮扶志愿者"点对点"的精准帮扶对接，开创社会帮扶新局面。集中力量攻坚深度贫困，引导资源要素向深度贫困地区聚焦。充分发挥贫困群众主体作用，增强脱贫内生动力。做好脱贫攻坚与乡村振兴的衔接，持续推动脱贫地区经济社会发展和群众生活改善。^②

（六）保障深度贫困地区资金安全、扶贫队伍精干

深入贯彻党的十八届三中全会精神，让扶贫开发工作在法治轨道上运行。进一步完善项目实施和资金管理约束机制，对项目实施和资金投向进行重点监管，实行扶贫资金和扶贫项目公开制度，严格扶贫资金协作监管和责任追究制度，切实杜绝违法违纪情况发生，确保项目落到实处、资金使用安全。以党建带扶贫，强化扶贫队伍思想教育和作风建设，提升政治素养和廉洁自律水平。加强对扶贫干部队伍培训，增强扶贫开发工作综合效能。充分发挥驻村干部精准扶贫"管道"作用，整合"三支队伍"力量，着力塑造一批思想上进、作风优良、业务精湛的"扶贫人"。

---

① 刘鑫焱：《消除深度贫困，要找准突破口》，《人民日报》2017年11月20日。
② 胡春华：《坚决打赢精准脱贫攻坚战》，《人民日报》2018年10月30日。

后 记
POSTSCRIPT

本书是国务院扶贫办全国扶贫宣传教育中心项目"新时代脱贫攻坚理论与实践创新研究——来自贵州的探索与实践"的研究成果。

在全国扶贫宣传教育中心和贵州省扶贫办的支持下，项目组深入贵州扶贫一线进行实地调研，在调研的基础上撰写了研究报告。项目由时任全国扶贫宣传教育中心主任、现任中国扶贫发展中心主任黄承伟研究员指导，黄承伟、向德平确定写作思路，拟定写作大纲。具体承担撰稿工作的人员：何瑾（第一章 扶贫领域的改革进程）；向德平、刘永泽（第二章 脱贫攻坚的要求与扶贫创新改革）；杨铭（第三章 精准识别创新）；刘杰（第四章 产业扶贫创新）；张坤（第五章 脱贫机制创新）；王维（第六章 社会扶贫创新）；向雪琪（第七章 生态扶贫创新）；何瑾（第八章 社会保障兜底扶贫创新）；王欢、宋佳奇（第九章 脱贫攻坚激励机制创新）；高飞（第十章 解决深度贫困问题的创新）。

感谢全国扶贫宣传教育中心处长骆艾荣、副处长阎艳等对项目的支持。中国社会科学院社会学研究所王晓毅研究员、北京师范大学中国扶贫研究院院长张琦教授对本研究项目提出了建设性的意见，感谢专家的支持！

编著者

2020 年 3 月